英仏日CD付

これは似ている！
英仏基本構文
100+95

久松健一著

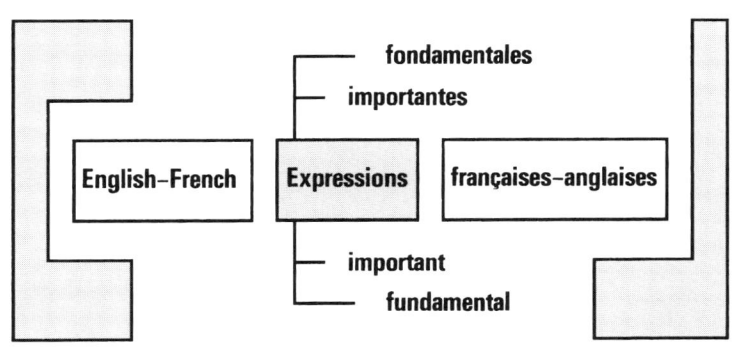

校閲　Margaret TOMARCHIO
　　　Pascale MANGEMATIN

駿河台出版社

まえがき

〈 読者の皆様に本書のコンセプトをお伝えします 〉

　大学生の学力低下が叫ばれてから随分と時間がたちました．また少子化の影響で，入試が年々簡単になっていると言われます．しかしそれでも，多くの大学で，相変わらず難解な英文が入試問題として出題され，受験生たちが難問に振りまわされている姿に大きな変化はないようです．

　ところが，そうした「難関」をくぐった方々が新たに学ぶ仏語をめぐる諸状況は，今，惨憺たるものになりつつあります．何よりもまず，学習動機のハッキリしにくい第二外国語は，多くの大学・短大で切り捨てられつつあります．また，仏語の講座が置かれている場所でも，「語学の実用性」という旗印の元，知的な刺激に乏しい「会話」の授業が増えつつあります．その一方で，悪しき訓詁学にも近い，旧態依然とした文法・訳読がいまだにはびこっている学舎も少なくありません．「あなた」の周辺はどうですか？

　本書は英仏の類似を積極的に活用した『英語がわかればフランスはできる！』ならびに『ケータイ〈万能〉フランス語文法』の姉妹編（上級編）として，「基本構文」「重要構文」を軸に英語・仏語を比較・対照したものです．ご存じのように，英語と仏語は似ています．勿論，違いもありますが，英・仏語と日本語の差異に比べれば，その差が少ないことは歴然でしょう．この「似ている」部分を巧みに利用して，すでに中学・高校と培ってきた「英語力」を効率的に「仏語力」に移植することを意図して本書を書きおろしました．せっかくあれほどの英文を解釈できる精鋭が，仏語になるとどうして平易なレベルで頓挫してしまうのか．なんとか，英語と仏語をスムーズに橋渡しできる方法はないか．そんな思いを具体化した新たな試みが本書です．

　なかをご覧いただければわかることですが，必須構文は文法項目の枠を横断・縦断して，繰り返し登場します．また，多くの例文に応用・補足を追記しました．これは，ややもすると「1つのパターンとして暗記する」と考えられ

がちな構文を，「複数の視点から英仏を応用できる力」としてとらえることができるよう工夫した結果です．本書が，読者の方々が必ずやもっておいでの「新しいものへの好奇心」を刺激するきっかけとなれば，そしてそれが「知的好奇心」へと広がる橋渡しになればと願っています．

2002 年　春うらら　　　　著者

追記：仏語の校閲はかつてわたしが勤務していた短期大学時代の同僚 Pascale MANGEMATIN 女史に，英語のそれはこれまた以前お世話になったブルゴーニュ大学で教壇に立っておいでの Margaret TOMARCHIO 女史にお願いしました．英仏語に通じていらっしゃるお二人との原稿のやり取りは，小生にとってスリリングな事件でした．ありがとうございます．

目　次

まえがき　〈読者の皆様に本書のコンセプトをお伝えします〉................... i

第Ⅰ章　〈英仏対照〉基本構文 100 1

❶　英語の基本5文型と仏語の基本6文型の比較・対照 2

1　（1文型）英 仏 S+V 2
2　（2文型）英 S+V+C　仏 S+V+A 6
3　（3文型）英 S+V+O　仏 S+V+COD 9
4　仏（4文型）S+V+COI 11
　(1) 仏 S+V+à+人〔物〕
　(2) 仏 S+V+de+人〔物〕
　(3) 仏 S+V+avec [sur, contre, *etc.*]+人〔物〕
5　英（4文型）S+V+IO+DO 13
　　仏（5文型）S+V+COD+COI
6　英（5文型）S+V+O+C 16
　　仏（6文型）S+V+COD+A

❷　英仏「基本時制」の比較・対照 19

7　英 仏 現在形 19
8　英 現在・過去進行形 vs 仏 直説法現在・半過去 19
9　近接未来・近接過去 22
　(1) 英 be going to do
　　　仏 aller+*inf.*
　(2) 英 have just+過去分詞
　　　仏 venir (juste) de+*inf.*
10　英 現在完了 vs 仏 直説法複合過去・現在 24
11　英 過去完了 vs 仏 直説法大過去 26
12　英 未来完了 vs 仏 直説法前未来 28

❸ 英仏「主語」の比較・対照 30

- 13 非人称主語 30
- 14 仏 不定代名詞〔主語〕on 31
- 15 (人が)〜するのは〔形容詞〕である 32
  - (1) 英 It is＋〔形容詞〕＋(for＋人)＋to do …
    仏 Il est [C'est]＋〔形容詞〕＋(à [pour]＋人)＋de *inf.*
  - (2) 英 It is＋〔形容詞〕＋(of＋人)＋to do …
    仏 Il est [C'est]＋〔形容詞〕＋(à＋人)＋de *inf.*
- 16 (人が)〜するのに〔時間〕がかかる 35
  - (1) 英 It takes＋(人)＋時間＋to do
    仏 Il faut＋時間＋(à＋人)＋pour＋*inf.*
  - (2) 英 It costs＋(人)＋お金＋to do
    仏 Il faut＋お金＋(à＋人)＋pour＋*inf.*
  - (3) 英 It has been [is]＋時間＋since＋S＋V〔過去〕
    仏 Voilà [Il y a / Ça fait]＋時間＋que＋S＋V〔直説法〕
- 17 S が〜するのは〔形容詞〕である 38
  - (1) 英 It is＋〔形容詞〕＋that＋S＋(should)＋do
    仏 Il est [C'est]＋〔形容詞〕＋que＋S＋V〔接続法〕
  - (2) 英 It is＋〔形容詞〕＋that＋S＋V
    仏 Il est [C'est]＋形容詞＋que＋S＋V〔直説法〕
- 18 S は〜であるらしい（と思われる） 41
  - 英 It seems (to＋人)＋that＋S＋V
  - 仏 Il semble (à＋人)＋que＋S＋V〔接続法／直説法〕
- 19 S は〜であると言われている（そうだ） 42
  - (1) 英 People [They] say that＋S＋V
    仏 On dit que＋S＋V〔直説法〕
  - (2) 英 It appears [seems] that＋S＋V
    仏 Il paraît que＋S＋V〔直説法〕
- 20 〜するのは…である〔強調構文〕 44
  - (1) 英 It is … that [who] 〜
    仏 C'est … qui 〜 / C'est … que 〜

(2) 英 It is not until ~ that＋S＋V…
　　　　仏 C'est quand ~ que ＋S＋V…

21 ~するまでに時間がかかるだろう 47
　　(1) 英 It will be a long time before＋S＋V
　　　　仏 Il passera du temps avant que＋S＋V〔接続法〕
　　(2) 英 It is time for＋人＋to do / It is time that＋S＋V〔過去〕
　　　　仏 Il est temps de＋*inf.* / Il est temps que＋S＋V〔接続法〕

22 ~かもしれない /~に違いない /~のはずがない 48
　　(1) 英 It may be that＋S＋V＝It is possible (that)＋S＋V
　　　　仏 Il se peut que＋〔接続法〕＝Il est possible que＋〔接続法〕
　　(2) 英 It must be that＋S＋V＝It is certain that＋S＋V
　　　　仏 Il est [C'est] certain que＋〔直説法〕
　　(3) 仏 Il n'y a pas de raison (pour) que＋〔接続法〕
　　　　　Il est impossible que＋〔接続法〕

❹ 英仏「基本動詞」の比較・対照 50

23 人にAを思い出させる 50
　　(1) 英 S＋remind＋人＋of＋A〔事柄（人）〕
　　　　仏 S＋rappeler＋A〔事柄〈人〉〕＋à＋人
　　(2) 英 S＋remind＋人＋to do〔that＋S＋V〕
　　　　仏 S＋rappeler＋à＋人＋de＋*inf.*〔que＋S＋V（接続法）〕

24 Sのせいで（ために）（人は）~できない 51
　　(1) 英 S〔人・物〕＋prevent [keep]＋人 (A)＋from doing
　　　　仏 S〔人・物〕＋empêcher＋人 (A)＋de＋*inf.*
　　(2) 英 S＋cannot help doing [cannot but do]
　　　　仏 S＋ne (pas) pouvoir s'empêcher de＋*inf.*

25 SはAをBと見なす（考える） 52
　　(1) 英 S＋regard [look on (upon) / consider]＋A＋as＋B
　　　　仏 S＋regarder [considérer]＋A＋comme＋B
　　(2) 英 What do you think of [about]＋A?
　　　　仏 Que pensez-vous [Qu'est-ce que vous pensez] de＋A?

26 S は A からなる（構成される）.. 53
  (1) 英 S＋consist of＋A
     仏 S＋consister en＋A
  (2) 英 S＋consist in＋A / S＋consist in doing
     仏 S＋consister dans [en]＋A / S＋consister à＋*inf.*

27 S は〜を（を求めて）しつこく頼む 54
  (1) 英 S＋insist that S＋(should)＋do
     仏 S＋insister pour que＋S＋V〔接続法〕

28 S〔人〕が A に依存する / S〔事柄〕は A による（次第である）......... 55
  (1) 英 S＋depend on (upon)＋A
     仏 S＋dépendre de＋A
  (2) 英 It is up to＋人＋to do
     仏 Il dépend de＋人＋de＋*inf.*〔que＋S＋V（接続法）〕

29 S が B（人・場所）から A（金品）を盗む（強奪する）..................... 56
  (1) 英 S＋rob＋B（人・場所）＋of＋A（金品）
     仏 S＋voler＋A（金品）＋à＋B（人・場所）
  (2) 英 S＋steal＋A（金品）＋from＋B（人）
     仏 S＋dérober＋A（金品）＋à＋B（人）

30 S が A と B を比較する 58
  (1) 英 S＋compare＋A＋with [to]＋B
     仏 S＋comparer＋A＋avec [à]＋B
  (2) 英 S＋be compared to＋A
     仏 S＋se comparer à＋A

31 A（事柄）は B（人）のおかげである 59
  (1) 英 S＋owe＋A（事柄）＋to＋B（人）
     仏 S＋devoir＋A（事柄）＋à＋B（人）
  (2) 英 S＋owe＋A（お金・義務）＋to＋B（人・場所）
     仏 S＋devoir＋A（お金・義務）＋à＋B（人・場所）

32 S は A が〜するのを〔しているのを〕見る（聞く，感じる）............... 61
  英 S＋V（知覚・感覚動詞）＋A＋do [doing] ...
  仏 S＋V（知覚・感覚動詞）＋A＋*inf.* ...

33 S は A に〜させる〔使役動詞〕 62
  (1) 英 S+make [have]+A（人）+do
      仏 S+faire+*inf.* ... [à / par]+A（人）
  (2) 英 S+let+A（人）+do
      仏 S+laisser+A（人）+*inf.*
  (3) 英 S+have [get]+A（物）+過去分詞
      仏 S+se faire+*inf.*〔+A（物）〕

34 S は A（人）の身体〔部〕を〜する 65
  英 S+V（動作をしかける）+A（人）+前置詞+the+身体
  仏 S+V（動作をしかける）+A（人）+前置詞+定冠詞+身体

❺ 英仏「代名詞」の比較・対照 66

35 〜のそれ（それら） 66
  (1) 英 that [those] of+名詞
      仏 celui [celle / ceux, celles] de+名詞

36 一方は…他方は〜／1つ（人）は…もう1つ（人）は〜 67
  (1) 英 one ... the other 〜
      仏 l'un [l'une] ... l'autre 〜
  (2) 英 the one ... the other / the former ... the latter
      仏 le premier ... le second [ce dernier] / celui-là ... celui-ci

37 …する人もあれば，〜する人もいる 68
  英 Some ... others [some] 〜
  仏 Certain(e)s ... d'autre(s) 〜

38 自分（それ）自身〔再帰代名詞〕 68
  英 oneself
  仏 soi-même

❻ 英語で「助動詞」を用いる文章と仏語の比較・対照 70

39 S は〜することができる 70
  (1) S は〜することができる〔できない〕
      英 S+can(not)+do
      仏 S+(ne)+pouvoir+(pas)+*inf.*

　　　　　Sは～のはずがない（あり得ない）
　　　　　　　英 S+cannot+do
　　　　　　　仏 S+ne pouvoir (pas)+*inf.*
　　(2) Sは～してよい
　　　　　　　英 S+may [might]+do
　　　　　　　仏 S+pouvoir+*inf.*
　　　　　Sは～するかもしれない（あり得る）
　　　　　　　英 S+may [might]+do
　　　　　　　仏 S+pouvoir+*inf.*
　　(3) Sは～しなければならない
　　　　　　　英 S+must[have to]+do
　　　　　　　仏 Il faut+inf. / S+devoir+*inf.*
　　　　　Sは～に違いない
　　　　　　　英 S+must+do
　　　　　　　仏 S+devoir+*inf.*
　　　　　Sは～してはならない
　　　　　　　英 S+mustn't [may not]+do
　　　　　　　仏 S+ne pas devoir+*inf.*
　　　　　　　仏 Il ne faut pas+*inf.*
　　(4) Sは～すべきである
　　　　　　　英 S+should [ought to]+do
　　　　　　　仏 S+devoir+*inf.*
　　　　　Sは～することになっている（予定），～するつもりである（意図）
　　　　　　　英 S+be [supposed] to do
　　　　　　　仏 S+devoir+*inf.*
40 Sは～したはずがない（かもしれない，違いない） ……………… 76
　　(1) 英 S+cannot+have+過去分詞
　　　　仏 Ce n'est pas possible que+S+V〔接続法過去〕
　　　　英 S+may [might]+have+過去分詞
　　　　仏 S+pouvoir〔複合過去〕+*inf.* / S+pouvoir+*inf.*〔過去〕
　　　　英 S+must+have+過去分詞
　　　　仏 S+devoir〔複合過去〕+*inf.* / S+devoir+*inf.*〔過去〕

viii

 (2) 英 S＋should [ought to]＋have＋過去分詞
   仏 S＋devoir〔条件法過去〕＋*inf.*

41 ～するのも当然である 77
 (1) 英 S＋may well＋do / It is natural that＋S＋shoud＋do
   仏 Il est naturel que＋S＋V〔接続法〕
 (2) 英 S＋may well＋do [It is likely that＋S＋will＋do]
   仏 Il est probable que＋S＋V〔直説法〕
 (3) 英 S＋may as well [would rather]＋A＋as [than]＋B
   仏 S＋aimer mieux [autant]＋A＋que＋B

42 （以前は）よく～したものだ（過去の習慣） 79
 (1) 英 S＋used to do …
   仏 S＋V〔直説法半過去〕…
 (2) 英 S＋would [often]＋do …
   仏 S＋V〔半過去〕＋[souvent] …

7 英語の「不定詞」(to do) を用いる文章と仏語の比較・対照 81

43 不定詞の基本3用法（名詞・形容詞・副詞）の英仏対応 81
 (1) 英 名詞用法の不定詞
 (2) 英 形容詞用法の不定詞
 (3) 英 副詞用法の不定詞

44 ～したらよいか / ～すべきか 86
 英 疑問詞＋to do
 仏 疑問詞＋*inf.*

45 親切にも～する（してくれる） 87
 英 be kind enough to do
 仏 avoir la bonté de＋*inf.*

46 まさに～しようとしている 88
 (1) 英 be about to do / be on the point of doing
   仏 être sur le point de＋*inf.*
 (2) 英 be doing
   仏 être en train de＋*inf.*

| 47 | ～する方がよい | 89 |

　　英 had better do（原形不定詞）
　　仏 faire〔条件法〕bien de＋*inf.*

| 48 | ～しさえすればよい | 90 |

　　英 have only to do
　　仏 n'avoir qu'à＋*inf.*

| 49 | Aと～の関係がある | 90 |

　　英 have ～ to do with A
　　仏 avoir ～ de rapport avec A

| 50 | ～は言うまでもなく | 91 |

　　英 not to mention / not to speak of / to say nothing of
　　仏 sans parler de *qn. / qch.*

8　英仏「関係詞」の比較・対照　93

| 51 | いわゆる A | 95 |

　(1)　英 what we call＋A
　　　仏 ce qu'on appelle＋A
　(2)　英 (and) what is more　⇔　(and) what is worse
　　　仏 (et) qui plus est　⇔　(et) qui pis est

| 52 | AとBの関係はCとDの関係に等しい | 96 |

　　英 A is to B what [as] C is to D
　　仏 A est à B ce que C est à D

| 53 | それが～する理由である | 97 |

　　英 That is why＋S＋V
　　仏 Voilà pourquoi＋S＋V（直説法）

| 54 | ～と同じ A | 97 |

　(1)　英 the same＋A〔名詞〕＋as ～ / the same＋A＋that ～
　　　仏 le (la) même＋A〔名詞〕＋que ～
　(2)　英 as＋S＋be 動詞
　　　仏 tel que＋S＋être / comme＋S＋être

| 55 | ～する人は誰でも | 99 |

　　英 whoever＋V …
　　仏 n'importe qui＋V〔直説法〕/ quiconque＋V〔直説法〕

❾ 英仏「時間」（限定［条件］を含む）**構文の比較・対照** 103

56 〜するとすぐに 103
　(1) 英 As soon as [The moment / The instant]＋S＋V …
　　　 仏 Aussitôt que [Dès que]＋S＋V〔直説法〕…
　(2) 英 S had＋hardly [scarcely]＋p.p.＋when [before]＋S＋V〔過去〕
　　　　S had＋no sooner＋p.p.＋than＋S＋V〔過去〕
　　　 仏 S＋à peine＋〔大過去〕＋que＋S＋V〔複合過去〕

57 〜する限りは 105
　(1) 英 as long as＝while
　　　 仏 tant que＋S＋V〔直説法〕
　　　　 ＝aussi longtemps que＋S＋V〔直説法〕
　(2) 英 as long as, so long as＝if only / provided
　　　 仏 pourvu que＋S＋V〔接続法〕
　(3) 英 as [so] far as
　　　 仏 (pour) autant que＋S＋V〔接続法〕

❿ 英仏「否定」構文の比較・対照 107

58 すべてが〜とはかぎらない（というわけではない）..................... 108
　英 not always「いつも〜とは限らない」
　仏 ne … pas toujours
　英 not all「すべてが〜とは限らない」
　仏 ne … pas tout

59 A ではなく（むしろ）B である 109
　英 not A but B
　仏 ne pas A mais B

60 A だけでなく B もまた 109
　英 not only A but [also] B
　仏 non [ne pas] seulement A mais [aussi, encore] B

61 A だからといって B ということにはならない 110
　英 not B (just) because A / (Just) because A, not B
　仏 Ce n'est pas parce que A que B

62 あまり～なので…できない 111
 (1) 英 too ～ to do …
   仏 trop ～ pour＋*inf.* …
 (2) 英 〔形容詞・副詞〕＋enough〔＋名詞〕[for＋A] to do
   仏 assez (de)＋〔形容詞・副詞〕＋pour＋*inf.* [pour que＋A＋V〔接続法〕]

63 いくら（どんなに）～してもしすぎではない 112
 英 cannot be too＋形容詞
 仏 ne (pas) savoir〔条件法〕trop＋*inf.*

64 ～するときまって… 113
 英 never [cannot] … without doing
 仏 ne jamais [pas] … sans＋*inf.*

65 ～せずにはいられない 114
 英 cannot help doing / cannot but do
 仏 ne (pas) pouvoir s'empêcher de＋*inf.*

66 ～することはできない 115
 英 There is no doing …
 仏 Il n'y a pas moyen de＋*inf.* [que＋S＋V〔接続法〕]

67 ～しても無駄である 115
 英 It is no use＋doing / There is no use [good] (in) doing
 仏 Il [Ça] ne sert à rien de＋*inf.*

68 ～するより仕方がない 116
 英 There is nothing for it but to do
 仏 Il n'y a rien à＋*inf.*＋sauf…
  Il ne reste plus qu'à＋*inf.*

69 ～は言うまでもない 117
 英 It goes without saying that＋S＋V
 仏 Il va sans dire que＋S＋V〔直説法〕

11 英仏「比較」構文の比較・対照 118

70 Aと同じくらい～ 118
 (1) 英 as … as A
   仏 aussi … que A

(2) 英 not as [so] … as A
　　　　仏 ne pas aussi [si] … que A
　　(3) 英 as many [much]＋名詞＋as A
　　　　仏 autant de＋名詞＋que A
71 A は B の～倍の… 119
　　英 A＋V＋～ times as … as＋B
　　　＝A＋V＋～ times＋比較級＋than＋B
　　仏 A＋V＋～ fois plus … que＋B
72 A ほど～なものはない 120
　　英 Nothing＋V＋so [as] … as〔比較級＋than〕＋A
　　仏 Rien ne＋V＋plus … que＋A
　　　＝(Il n'y a) Rien de plus … que＋A
73 A よりもむしろ B である 121
　　英 not so much as A as B＝not A so much as B
　　　＝B rather〔rather B〕than A
　　　＝more (of) B than A
　　仏 plutôt B que A
74 A は B より～である / A は B ほど～ない 122
　　(1) 英 A＋V＋比較級 than B
　　　　仏 A＋V＋plus … que B
　　(2) 英 A＋V＋less … than＋B
　　　　仏 A＋V＋moins … que＋B
75 (S が) ～すればするほど，ますます (S は) …する 125
　　(1) 英 The 比較級～＋S＋V, the 比較級…＋S＋V
　　　　仏 Plus [moins]＋S＋V～, plus [moins]＋S＋V…
　　(2) 英 比較級 and 比較級 / more and more＋原級 / less and less＋原級
　　　　仏 de plus en plus ～ / de moins en moins ～
76 ～ためにますます（だからいっそう）… 126
　　英 all the 比較級 ～ for＋名詞 [because＋S＋V]…
　　仏 ～ d'autant plus [moins] que…
77 S はもっとも～である 127
　　英 S＋V＋the＋最上級 ～ of [in]…
　　仏 S＋V＋le [la, les]＋plus [moins] ～ de…

⑫ 英仏「条件・仮定」構文の比較・対照 130

78 ～しなさい, そうすれば… 130
  (1) 英 命令文, and you will do …
      仏 命令文, et vous [tu]＋V〔直説法単純未来（近接未来）〕
  (2) 英 命令文, or you will do …
      仏 命令文, sinon vous [tu]＋V〔直説法単純未来（近接未来）〕

79 もし～ならば, …するのだが（仮定法過去・条件法現在） 131
  英 If＋S＋V〔過去〕～, S＋$\begin{Bmatrix} \text{would} \\ \text{could} \\ \text{might} \end{Bmatrix}$＋do …
  仏 Si＋S＋V〔直説法半過去〕～, S＋V〔条件法現在〕…

80 もし～だったら, …だったのに（仮定法過去完了・条件法過去） 133
  英 If＋S＋had＋p.p.〔過去完了〕, S＋$\begin{Bmatrix} \text{would} \\ \text{could} \\ \text{might} \end{Bmatrix}$＋have＋p.p.…
  仏 Si＋S＋V〔直説法大過去〕～, S＋V〔条件法過去〕…

81 もし万一（仮に）～したら, …だろう 134
  英 If＋S＋should＋do ～, S＋$\begin{Bmatrix} \text{would (will)} \\ \text{could (can)} \\ \text{might (may)} \end{Bmatrix}$＋do（命令文）
  　 If＋S＋were to do ～, S＋$\begin{Bmatrix} \text{would} \\ \text{could} \\ \text{might} \end{Bmatrix}$＋do …
  仏 Si par hasard [jamais]＋S＋V〔直説法〕, S＋V

82 仮定法〔条件法〕の if 節〔Si 節〕の代用 135

83 ～であればよいのに（願望） 137
  英 I wish [If only]＋S＋V〔仮定法過去・過去完了〕！
  仏 Si seulement [encore, au moins]＋S＋V〔半過去・大過去〕！

84 まるで～であるかのように 138
  英 as if [though]＋S＋V〔仮定法過去・過去完了〕
  仏 comme si＋S＋V〔直説法半過去・大過去〕

85 ～する限りでは 139
  英 as far as＋S＋V
  仏 d'aussi loin que＋S＋V〔直説法・接続法〕

xiv

⓭ 英仏「譲歩」構文の比較・対照 141

86 〜だけれども（〜なのに）／（たとえ）〜としても 141
 (1) 英 though [although]＋S＋V
   仏 bien que＋S＋V〔接続法〕
 (2) 英 even if [even though]＋S＋V
   仏 même si＋S＋V〔直説法〕

87 A であろうと B であろうと 142
  英 whether＋A＋V 〜 or B＋V …
  仏 que＋A＋V〔接続法〕, ou que＋B＋V〔接続法〕

88 （たとえ）誰であろうと 143
 (1) 英 whoever＋S＋V
   仏 qui que＋S＋V〔接続法〕
 (2) 英 whatever＋S＋V
   仏 quoi que＋S＋V〔接続法〕
 (3) 英 however＋形容詞〔副詞〕＋S＋V〔be 動詞〕
   仏 si [quelque]＋形容詞〔副詞〕＋que＋S＋être〔接続法〕

89 なるほど（確かに）〜だが… 145
  英 It is true [that] 〜 but … / Indeed [To be sure,] 〜 but …
  仏 Il est vrai que＋〔直説法〕, mais … / Certes 〜 mais …

⓮ 英仏「目的」構文の比較・対照 147

90 〜するために 147
 (1) 英 to do / so as to do / in order to do
   仏 pour＋*inf.* / dans le but de ＋*inf.* / afin de＋*inf.*
 (2) 英 with a view to doing / with the intention of doing
   仏 en vue de＋*inf.* / dans [avec] l'intention de＋*inf.*

91 〜するために… 148
  英 … so [in order] that＋S＋may [can, will] 〜
  仏 … pour [afin] que＋S＋V〔接続法〕〜

92 〜しないように（するといけないから） 149
  英 for fear (that) [lest]＋S＋could [might] do …
  仏 de [par] peur [de crainte] que＋S＋(ne)＋V〔接続法〕

⑮ 英仏「結果・様態」構文の比較・対照 151

93 〜するほど…（程度）／非常に…なので〜する（結果） 151
　　英 形容詞〔副詞〕+ enough to do 〜
　　　so + 形容詞〔副詞〕+ as to do 〜
　　仏 assez + 形容詞〔副詞〕+ pour + *inf.*

94 とても（非常に）〜なので…（結果）／…するほど〜（程度） 152
　(1) 英 so 形容詞〔副詞〕that + S + V …
　　　仏 si [tellement] 形容詞〔副詞〕que + S + V〔直説法〕…
　(2) 英 S is such that + S + V … / Such is + S + that + S + V …
　　　仏 S est tel que + S + V〔直説法〕…

95 とても〜なので…できない 153
　(1) 英 too 〜 to do …
　　　仏 trop 〜 pour + *inf.* …
　(2) 英 so 〜 that + S + cannot + do …
　　　仏 tellement 〜 que + S + ne pouvoir〔直説法〕pas …
　　　　trop 〜 pour que + S + pouvoir〔接続法〕…

96 〜が…したことには（感情名詞） 154
　　英 to + 所有格 + 感情を表す名詞
　　仏 à [pour] + 所有形容詞 + 感情を表す名詞

⑯ 英語の分詞・分詞構文などに対応する仏語の構文 155

97 分詞による名詞修飾 155
98 分詞構文の英仏対照 156
99 〜から判断すると 158
　(1) 英 Judging from [by]
　　　仏 A en juger [Si j'en juge] par
　(2) 英 Generally speaking
　　　仏 Généralement parlant
100 付帯状況（〜しながら，〜した状態で） 160

索引Ⅰ 〈日本語から〉	162
索引Ⅱ 〈英語から〉	178
第Ⅱ章 〈仏英対照〉重要表現（接続詞句・前置詞句）95	187
主要参考文献一覧	209
あとがき	210

◆ 英仏日 CD ◆　活用に際しての注意

　第Ⅰ章の例文 001〜290 をすべて録音してあります．ただし，時間的な制約があるため，☆印のついている（例文応用）・ 補足 は録音対象からはずれています．また，置き換え可能な語 [ ]，省略可能な語 ( ) も録音されていません．

　001〜005 / 006〜010 といった単位で，つまり，例文5つごとにトラック番号が打ってありますので，タイトルを録音した箇所を除いて，◎ 02〜◎ 59 まで番号があります．本書の奇数頁の右肩（"柱"と言います）に載っている CD 番号をご確認ください．

　録音の順番は，まず，例文番号が仏語で入っています．その後，例文の"日本語（名前は英語読みで統一）⇨ 英語 ⇨ 仏語"の順番になっています．耳だけで学習するケースを想定して，例文に複数の文章が載っている場合には，英仏の構文が似ている文章のほうを意識的に録音用として採用しました．

例：例文 017
　⇨〔日本語〕あなたは友だちに本当のことを言いましたか？
　⇨〔英語〕　Did you tell the truth to your friend?
　⇨〔仏語〕　Est-ce que vous avez dit la vérité à votre ami(e) ?

＊Did you tell your friend the truth? は録音されていません．
　また，英仏ともに複数の例があがっているケースでは，"英仏・英仏"の順で録音されています．

例：例文 057
　⇨〔日本語〕この機械は操作が難しい．
　⇨〔英語〕　This machine is difficult to handle.
　⇨〔仏語〕　Cette machine est difficile à manier.
　⇨〔英語〕　It is difficult to handle this machine.
　⇨〔仏語〕　Il est difficile de manier cette machine.

　耳からの学習を怠っては，せっかくの実力養成の意味が半減します．ぜひ，積極的に CD を活用ください．

第 I 章

〈英仏対照〉 基本構文 100

文型から付帯状況まで，英語で頻出の構文を仏語でどう表現するか？そこにポイントを置いて作成しました．

なお，本書の姉妹編である『英語がわかればフランス語はできる！』（『英わか』と略記）ならびに『ケータイ〈万能〉フランス語文法』（『ケータイ万能』と略記）の参照ページを ⇨ 姉妹編 のマークで示してあります．

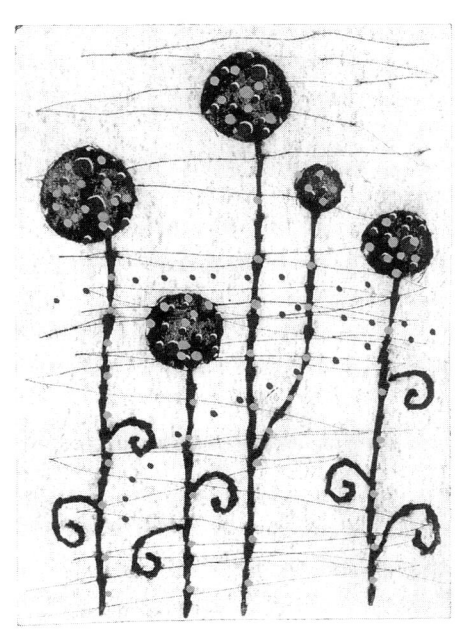

 英語の基本 5 文型と仏語の基本 6 文型の比較・対照

英仏の文型がまったく同じ展開をするわけではない．しかし，形状の類似に目をとめてみると意外なほど英仏の文章の組みたてが似ていることに気づく．表現力アップのために"文型"に着目すると効率的な学習ができる．

1 （1 文型）英 仏 S＋V

英仏ともに主語と動詞だけで文意が通じる文章の型が 1 文型．ただし，1 文型には場所・時間・方法・様態・程度など「状況補語」と呼ばれる副詞(句)（文章の枝葉に相当する修飾語）がその後に置かれることが多い．

例文 001 時がたつのは速い．

Time passes [goes by] quickly.
Le temps passe vite.

補足 001 は英仏とも "S＋V〔自動詞〕"（1 文型）に副詞を添えた形．

例文応用 下記の諺で 001 を言いかえることもできる．

□ **001☆** 光陰矢のごとし．

Time flies.
Le temps file [fuit].

語彙 filer 自 まっすぐ突っ走る，急いでゆく
　　 fuir 自 (文)（川などが）流れ去る，（すみやかに）走り去る

補足 001☆ に 英〈like an arrow〉（仏〈comme une flèche〉）「矢のように」を添える形は通常用いられない．

◇ 英仏で「総称（～というもの）」を表現するケース ◇

　『日本人の英語』（マーク・ピーターセン著：岩波新書）は「余分な the 症候群」と称して，日本人が英文を書く際，定冠詞をいたずらに使っていると警告を発している．英語には「一般的な現象を無冠詞で表す」特性がある点を忘れているとする指摘である．これに対して仏語では名詞が無冠詞になるのは，固有名詞や前置詞〈comme〉〈sans〉などの後ろを除いて，大半は成句や諺などに限られる．たとえば左記 001 の例のように抽象名詞の「総称」を表す場合，英語では無冠詞になるのが通例だが，仏語では定冠詞が使われる．また，仏語では普通名詞・物質名詞でも「総称」には定冠詞が使われる形が一般的．

　□ 夏は好きではないのですか？（「夏」⇨抽象名詞）
　　Don't you like summer?
　　Vous n'aimez pas l'été ?
　□ 鉄は有用である．（「鉄」⇨物質名詞）
　　Iron is useful.
　　Le fer est utile.
　□ 犬は忠実な動物だ．（「犬」⇨普通名詞）
　　Dogs are faithful animals.
　　Les chiens sont des animaux fidèles.

補足　英語では〈A dog is a faithful animal.〉，あるいは文語調だが〈The dog is a faithful animal.〉でも「総称」を表せる．仏語の「総称」では，数えられる名詞（可算名詞）には「定冠詞複数」が，数えられない名詞（不可算名詞）には「定冠詞単数」が使われるのが通例である．

例文　002　父は毎朝プールで泳ぐ．

My father swims in the pool every morning.
Mon père nage dans la piscine chaque matin.

補足　「プールで」〈in the pool / dans la piscine〉，「毎朝」〈every morning / chaque matin〉は文型に関係しない状況補語．

ただし，英語で1文型と考えられる文章が仏語では形状が似ていても**別の文型**に分類されるケースも少なくない．

例文 003　太陽は東から昇る．

The sun rises in the east.
Le soleil se lève à l'est.

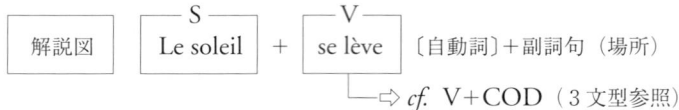

補足　代名動詞〈se lever〉は自動詞なので仏語も1文型とみなされる．ただし，仏語をさらに細かく見ていくと，ここで使われている代名動詞は「自分を＋起こす」（"se〔直接目的補語〕＋lever〔他動詞〕"）という構成であるため，これを3文型に相当する構成と考えられないこともない．

英語の〈there is (are)〉の構文も1文型に分類されるが（文法上，〈there is (are)〉[V]＋Sと解するため），この形に対応する仏語〈il y a〉の構文は3文型（avoir が用いられているため）に相当する．そのため，仏語では「冠詞の変型」（直接目的補語の前に置かれた不定冠詞や部分冠詞が否定文では de (d') に変わる文法上の約束）が行われる（⇨ 004☆, 004☆☆ 参照）．

例文 004　この図書館にはたくさんフランス語の本がある．

There are many [a lot of] French books in this library.
Il y a beaucoup de livres français dans cette bibliothèque.

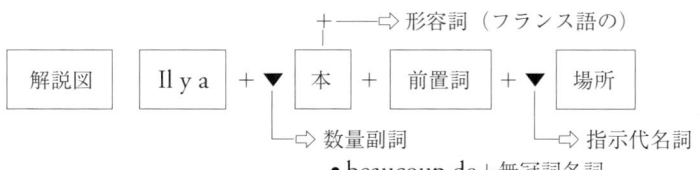

・beaucoup de＋無冠詞名詞

(語彙) 英語の〈library〉に相当する仏語は〈bibliothèque〉.〈library〉に綴りが類似している仏〈librairie〉は「本屋・書店」(英〈bookshop, bookstore〉)の意味になるので注意したい.

◇「多い・少ない」の表現◇

日本語	英	仏
たくさん	many, much, a lot of	beaucoup (de)
	(口語)	pas mal (de)
十分	enough	assez (de)
あまりに〜	too many [much]	trop (de)
少し	(a) few, (a) little	(un) peu (de)
いくつ	how many [much]	combien (de)

(例文応用)〈il y a〉の構文が**否定**で用いられると,前述したように**冠詞の変形**が行われる.

□ **004**☆　デスクの上にノートはありません.

There isn't a notebook on the desk.
Il n'y a pas de cahier sur le bureau.

(補足) 仏〈Il y a un cahier sur le bureau.〉が否定文になると不定冠詞(あるいは部分冠詞)は〈de〉となる.仏語のこの変化は「単なる事実の否定」のために生ずるもので,直接目的補語の名詞が実在性を喪失するからだと考えられる. ⇨ 姉妹編『英わか』p.25,『ケータイ万能』p.67

(例文応用) 英語で there と共起する (一緒に用いられる) 自動詞として,be 動詞以外に「**存在・出現**」のニュアンスを持つ語があるが,これは仏語でも非人称主語〈il〉を用いて表現することができる.

□ **004**☆☆　昨日事故が起こった.

There happened an accident yesterday.
Il est arrivé un accident hier.

(補足) 英〈An accident happened yesterday.〉,仏〈Un accident est arrivé hier.〉と書きかえられる.

2　（2文型）英 S＋V＋C　　仏 S＋V＋A

　主語と動詞だけでは不完全な文章であるため主語の意味を補足する語，すなわち補語（仏語では「属詞」Attribut と呼ばれる）を必要とし，S＋V＋C（S＝C），S＋V＋A（S＝A）の関係が成立する文が2文型．「補語」「属詞」になるのは主として，名詞・代名詞・形容詞（あるいはその相当語）である．

例文　005　時は金なり．

Time is money.
Le temps, c'est de l'argent.

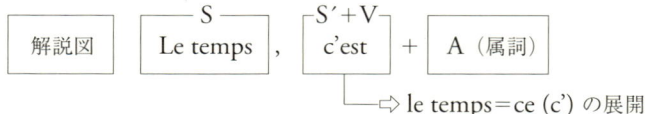

補足　アメリカのフランクリン B. Franklin の言葉を仏訳したもの．

◇ 仏語の部分冠詞について ◇　⇨ 姉妹編『英わか』p. 19

　005 の例文で英語の〈time〉は無冠詞だが，仏語の〈argent〉には部分冠詞が使われている．部分冠詞は，物質名詞・抽象名詞（不可算名詞）に付いて「若干量」を表すのが基本的な用法．ときに英語の〈some (any)〉に相当する語であるが，仏語でこれを省くことはできない．以下に2つ例をあげておく．

　□ プールに水がはいっていますか？
　　Is there (some) water in the swimming pool ?
　　Y a-t-il de l'eau dans la piscine ?
　□ 彼女には音楽のセンスがある．
　　She has a taste for music.
　　Elle a du goût pour la musique.

補足　水〈de l'eau〉，センス〈du goût〉はそれぞれ総称（⇨ p. 3）ではなく，具体的なある分量・才能の意味から部分冠詞が用いられている．

(例文応用) 005 の仏語に使われている，"〈名詞（相当語）(A)〉, c'est ..."「A，それは...」と受け変える展開は**遊離構文**と称されるものでとても頻度の高い表現形式．

☐ **005**☆　百聞は一見にしかず．

Seeing is believing.

Voir, c'est croire.

(補足)　この例は遊離構文の例であるとともに，英語の動名詞が仏語で不定詞で表される具体例でもある．⇨ 例文 **149**

(例文) **006**　父はエンジニアです．

My father is an engineer.

Mon père est ingénieur.

(補足)　仏語では属詞の位置に置かれる「職業・地位・国籍」などを表す語には通例，冠詞を用いない．ただし，属詞が 仏〈**C'est ...**〉の形に導かれる際には，**不定冠詞**が必要になる．以下の例を参照してほしい．⇨ 姉妹編 『ケータイ万能』p. 218

☐ **006**☆　彼はフランス人です．

He is a Frenchman.

C'est un Français.＝**Il est français.**

(補足)　この例文の〈c'est〉は「それは〜です」ではなく「彼（この人は）〜です」の意味で使われている．〈C'est＋名詞〉が〈il [elle] est〉〈ils [elles] sont〉に相当するケース．なお，仏語の「フランス人」の表記に大文字〈Français〉と小文字〈français〉の差があるのは，前者はフランス人を名詞と見なし，後者はそれを形容詞（相当語）と見なしているためで，これが現用の表記法になっている．ただし，後者の文章でも大文字〈Français〉を用いて書く人たちもいる．

(例文応用) **疑問詞**が補語（属詞）になっている次のパターンも 2 文型．

□ 006☆☆　君の新しいドレスは何色ですか？

What colo[u]r is your new dress?
De quelle couleur est ta nouvelle robe?

補足　この例では，英語と仏語の疑問詞の扱いの差に注目したい．仏語では文頭に〈de〉「前置詞」が必要になる．これは「特徴・性質」のニュアンスを表す前置詞だが，この疑問文に対する返答が名詞ではなく形容詞を導く内容であるため，〈de〉のない形だと，返答に名詞を導く疑問文になってしまう．
⇨ 姉妹編『ケータイ万能』p. 220

　２文型に用いられる最も代表的な動詞はすでに確認した 英〈be 動詞〉仏〈être〉「S は〜である」の展開だが，ほかに「**S は〜になる**」英〈become〉仏〈devenir〉，「**S は〜のままである**」英〈remain〉仏〈rester〉，「**S は〜のように見える**」英〈seem〉仏〈sembler〉などさまざまな語がある．

例文　**007**　彼は私の夫になった．

He became my husband.
Il est devenu mon mari.

例文　**008**　ヘレン〔エレーヌ〕は生涯独身のままだった．

Helen remained unmarried all her life.
Hélène est restée célibataire toute sa vie.

◇ 仏語の **tout** を英語と対照した例 ◇

• **all**

一日中	英 **all day (long)**	仏 **toute la journée**
すべての本	英 **all the books**	仏 **tous les livres**
一晩中	英 **all night**	仏 **toute la nuit**

- every
  - 毎日　　英 every day　　仏 tous les jours
  - 1日おきに　英 every other day　　仏 tous les deux jours
  - みんな　　英 everybody　　仏 tout le monde
- everything
  - □お金がすべてではない．

    Money is not everything.

    L'argent n'est pas tout.
- very
  - □私の叔父はすぐ近くに住んでいる．

    My uncle lives very close.

    Mon oncle habite tout près.

また，〈**go**＋**形容詞**（好ましくない状態を指す語）〉「～になる」も2文型の代表．ただし，仏語は2文型にならない．

例文 009　そのミルクはすぐに腐ってしまうだろう．

The milk is going to go sour.

Ce lait va tourner tout de suite (à l'aigre).

語彙　この 仏〈tourner〉は「（牛乳・ワインなどが）酸化する，酸っぱくなる」（〈英 turn sour〉）の意味を表す自動詞．上記の例文は，近接未来〈aller＋inf.〉を用いた1文型の展開になる．なお，仏〈tourner au vinaigre〉（→ 酢に変わる）は「（状況が）悪化する」の意味で日常的によく使われる．

3　(3文型) 英 S＋V＋O　　仏 S＋V＋COD

　主語の行う動作が主語以外のものに及ぶとき，その動作の対象となるものをその動詞の目的語という．他動詞の後には目的語が必要になる．仏語では目的補語と呼ばれ，3文型の場合には「直接目的補語」（**C**omplément d'**O**bjet **D**irect）が正式な言い方．通例「（人・物）を」と和訳される部分に当たる．

例文 010　クラシック（音楽）を聞くのが好きです．

I like listening [to listen] to classical music.
J'aime écouter de la musique classique.

解説図　S: J'　+　V: aime　+　COD: *inf.*（クラシックを聞く）

補足　英語の〈like doing / like to do〉はどちらも大差はなく相互に交換可能とされる．ただし，前者（動名詞は一般に過去を指向する）の方が「経験済みの一般的な動作」に使われることが多い（不定詞は通常未来を指向する）．なお，和製英語の（×）classic music の表記は不可．あわせて，仏語で「クラシック」の前に部分冠詞が使われている点に注意したい． ⇨ p. 6

例文 011　私は彼が正しいと思う．

I think (that) he is right.
Je crois qu'il a raison.

解説図　S: Je　+　V: crois　+　COD: que＋S＋V〔直説法〕

補足　011 は，節が直接目的語になっている例．なお，011 で英語の接続詞〈that〉は省略できるが仏語の接続詞〈que〉を省くことはできない．

◇〈be 動詞＋形容詞〉vs〈avoir＋無冠詞名詞〉（成句）の対照◇

□ とてもお腹がすいている．
　　I'm very [terribly] hungry.
　　J'ai très faim.

□ 冬の寒いときにはみんなが寒い．
　　When it is cold in winter, everybody is cold.
　　Quand il fait froid en hiver, tout le monde a froid.

補足 非人称主語を用いた 仏〈Il fait froid.〉はいわば客観的な「寒さ」を表現するのに対して，〈avoir froid〉の言いまわしは主観的に感じとれる「寒さ」を表現する．

□ 彼は自分の振る舞いを恥じていた．
He was ashamed of his behavior.
Il avait honte de sa conduite.

例文応用 仏〈je crois que〉が**否定文**や**疑問文**で使われるときには〈que〉以下に〈S＋V〔**接続法**〕〉が使われる点に注意．

□ 011☆ 私は彼が正しいとは思わない（正しくないと思う）．
I don't think (that) he is right.
Je ne crois pas qu'il ait raison.

4　仏（4文型）S＋V＋COI

　他動詞のなかでも間接的に前置詞を介して目的語と結ばれる動詞を間接他動詞と呼び（ただし，辞書によっては自動詞と分類しているものもある），その目的語は間接目的補語（Complément d'Objet Indirect）と称される．COIの大半は〈à＋人・物〉あるいは〈de＋人・物〉となる形で，通例「（人・物）に」と和訳される．この文型は英語にはなく，仏語の4文型に相当する英語の文は，大半が3文型（あるいは1文型）になる．

4 —(1) 前置詞 à をともなうパターン
仏 S＋V＋à＋人〔物〕

例文 012　彼女は母に似ている．
She resembles her mother.
Elle ressemble à sa mère.

補足 英語では〈resemble〉が3文型を構成する動詞であるのに対して，仏語の〈ressembler〉は"à+人"が続く4文型になる（英仏の動詞の綴り字の違いに注意）．なお，英語を〈She looks like her mother.〉〈She is like her mother.〉と書くこともできる．仏〈tenir de ...〉「～の血を引いている，似ている」（間接他動詞）を用いて，〈Elle tient de sa mère.〉とも言い表せる．

例文 013　この子は親のいうことを聞かない（従わない）．

This child doesn't obey his parents.

Cet enfant n'obéit pas à ses parents.

例文応用　付記すれば，仏語で，動詞によっては3文型（直接他動詞）としても4文型（間接他動詞）としても使われる語がある．〈manquer〉を用いて具体例を示せば次のような例が考えられる．

☐ **013**☆　彼女は終電車に乗り遅れた．

She missed the last train.

Elle a manqué le dernier train.（3文型 → 直接他動詞）

補足　仏〈Elle a raté le dernier train.〉とする方が口語的．

☐ **013**☆☆　彼女は職務を怠った．

She neglected her duties.

Elle a manqué à son devoir.（4文型 → 間接他動詞）

補足　仏語を〈Elle a négligé son devoir.〉と3文型で書くこともできる．

4 —(2) 前置詞 de をともなうパターン

仏 S+V+de+人〔物〕

例文 014　私は彼の成功を疑っている．

I'm doubtful about his success.

Je doute de son succès.

補足 014 を 英〈I doubt he will succeed.〉と表現することもできる．仏〈douter〉は"de＋人・物"を導く間接他動詞，したがって仏語は4文型になる．

前記(1)(2)以外の前置詞をとるパターンもある．

4 ——(3) それ以外の前置詞をとるパターン

仏 S＋V＋avec [sur, contre, *etc.*]＋人〔物〕

例文 015　あなたの部屋は海に面しているのですか？

Does your room face [look out onto] the sea ?
Est-ce que votre chambre donne sur la mer ?

語彙 仏〈donner〉は通常「与える」を意味する他動詞だが，〈donner sur...〉（間接他動詞）になると「(場所)に面する」の意味．

例文 016　彼は家族と縁を切った．

He broke with his family.
Il a rompu avec sa famille.

語彙 rompre avec *qn.*：〜と関係をたつ，絶交する
　　　cf. rompre avec *qch.*：(伝統・習慣などを) 断つ，やめる

5 　英（4文型）S＋V＋IO＋DO
　　仏（5文型）S＋V＋COD＋COI

英語で「人に物を〜する」の意味になり，前置詞を介さずに2つの目的語を並べて文章を形づくる動詞を**授与動詞**（例：give, send, tell, show, teach, make, *etc.*）と呼ぶが，その動詞が構成する文型が4文型（表(1)の語順）．この4文型の目的語「人に＋物を」の語順を逆にすると表(2)の形になる（英語では3

文型扱い).この (2) の語順に相当する文型が,**仏語で5文型**と呼ばれる形(表 (3) 参照).なお,英語の4文型に相当する展開を仏語では用いない.

例文 017　あなたは友だちに本当のことを言いましたか？

Did you tell your friend the truth?　　　　　英 4文型
＝Did you tell the truth to your friend?　　　英 3文型
Est-ce que vous avez dit la vérité à votre ami(e)?　　仏 5文型

例文応用　017 の「友だちに」を人称代名詞を使って「彼に」とすれば,017 の英仏対応関係となる.〈to him〉と書かれる英語に対して,仏語の補語人称代名詞〈lui〉の**置き位置**に注意. ⇨ 姉妹編『英わか』p. 39

□ **017**☆ あなたは彼に本当のことを言いましたか？

Did you tell him the truth ?
＝**Did you tell the truth to him ?**
Est-ce que vous lui avez dit la verité ?

例文 **018** 私は彼がルイス〔ルイ〕を知っているかどうか聞いた．

I asked him if he knew Louis.
Je lui ai demandé s'il connaissait Louis.

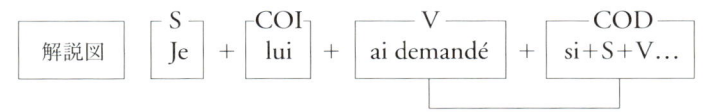

| 解説図 | [S
 Je] | ＋ | [COI <br> lui] | ＋ | [V <br> ai demandé] | ＋ | [COD <br> si＋S＋V…] |

＊時制照応（半過去）に注意 ⇨ 姉妹編 『ケータイ万能』 p. 190

例文応用 この例は間接話法の形．**直接話法**で書けば次のようになる．

□ **018**☆ 私は彼に「あなたはルイス〔ルイ〕を知っていますか」と聞いた．

I said to him, "Do you know Louis ?"
Je lui ai demandé : « Vous connaissez Louis ? »

ただし，仏語の5文型がすべて英語の4文型に対応するわけではない（間接目的語の考えが仏英で相違するため）．

例文 **019** 双子の姉〔妹〕と彼女を見分けられますか？

Can you tell [distinguish] her from her twin sister ?
Pouvez-vous la distinguer de sa sœur jumelle ?

補足 「AとBを区別する（見分ける）」を表す 英 〈distinguish A from B〉（一般には〈tell A from B〉が使われる）は文法上3文型と分類されるのに対して（4文型にはならない），仏語の〈distinguer A de B〉は5文型（〈de B〉を間接目的語と解するため）として扱われる．ただし，文型の分類の違いはさておき文の形は英仏で類似している．

なお，たとえば英語の〈explain〉「説明する」などは **4 文型の展開をとりそうでとれない**代表的な動詞．通例は〈explain＋物・事＋to＋人〉の構文で用いなければならない（『英語の型と語法案内』を物した A. S. Hornby はこれを英語を母語としない人たちが冒す「誤った推測」と称している）．この単語を仏語と対照すると下記のような対応になる．

例文) 020 この文章を私に説明してください．

Please explain this sentence to me.
Expliquez-moi cette phrase, s'il vous plaît.

補足 文法上の文型分類に則せば，英語は 3 文型，仏語は 5 文型となる．

⑥ 英（5 文型）S＋V＋O＋C
  仏（6 文型）S＋V＋COD＋A

この文型はまず以下の例文を見てもらうことにする．

例文) 021 その雑誌はとても面白いと思う．

I find this magazine very interesting.
Je trouve cette revue très intéressante.

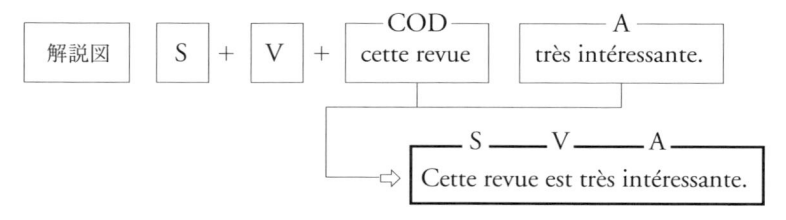

解説図 S ＋ V ＋ ┌── COD ──┐ ┌── A ──┐
                    cette revue   très intéressante.
                    └──── S ── V ── A ────┐
                    ⇒ Cette revue est très intéressante.

例文応用 021 は英仏ともに次の形，つまり **3 文型**で書きかえられる．

☐ **021**☆ その雑誌はとても面白いと思う．

I find (that) this magazine is very interesting.
Je trouve que cette revue est très intéressante.

この例は，目的語＝「雑誌」の説明にあたる部分（「とても面白い」）を欠くと文意が通じない．「目的語」とともにこの語の説明部分に当たる「補語」（仏 属詞）を持つ文型を5文型（仏 6文型）と称する．この文型では O＝C（仏 COD＝A）の関係（be 動詞 / être でつなげば2文型が成立する．解説図，太枠参照）が成り立つ．

(例文) 022　彼は奥さんを幸せにするでしょう．

He will make his wife happy.
Il rendra sa femme heureuse.

(補足) O＝C〈His wife is happy.〉, COD＝A〈Sa femme est heureuse.〉という関係が成り立っている．仏語の6文型は，属詞が形容詞のときに目的語の性数に一致することをお忘れなく！

(例文) 023　窓をあけっぱなしにしないで．

Don't leave [keep] the window open.
Ne laisse pas la fenêtre ouverte.

(補足)「～を...のままにしておく」の表現に英語で動詞〈keep〉を使うと意図的に「開けたままにしておく」のニュアンスを帯びる．

　なお，この文型についても英仏で文法上の分類が異なるケースがある．たとえば「**AをBだとみなす（思う）**」〈regard [consider] A as B〉を英語では**3文型**と考えるが，仏語の〈considérer A comme B〉は**6文型**に分類される．しかし，すでに触れたように，文型の文法的な異同はさておき，文の流れは似ている．

(例文) 024　その扱い（待遇）は無礼だと思う．

I regard the treatment as rude.
Je considère ce traitement (comme) impoli.

英語の〈S+V+O+to do〉の構文も5文型の代表．〈**to do**〉に相当する仏語は多くが〈**de**+***inf.***〉の形になる．

例文 025 彼は私にそこには行かないように忠告した．

He advised me not to go there.

Il m'a conseillé de ne pas y aller.

補足 仏語で不定詞を否定する語順〈ne pas+*inf.*〉に注意．

例文 026 私は彼に手伝ってくれるように頼んだ．

I asked him to help me.

Je lui ai demandé de m'aider.

例文 027 叔母は私に静かにするように命じた．

My aunt ordered me to be quiet.

Ma tante m'a ordonné de me taire.

補足 仏語では〈de me taire〉（不定詞）の箇所を名詞を使って〈Il m'a ordonné le silence.〉と書ける．なお，025〜027の例文は命令文（直接話法）を間接話法に置きかえた文章でもある．⇨ **姉妹編**『ケータイ万能』p.191

2 英仏「基本時制」の比較・対照

英仏の時制・法の異同をチェックすることで文章表現の幅が広がる．なるほど仏語の動詞活用は煩雑だが（特に直説法現在），その煩雑さを乗り越えれば，英仏の類似がはっきりと視界に入ってくる．

7 英 仏 現在形

英仏ともに現在の事実・不変の真理・習慣，あるいは確定的な未来を表すために直説法現在が使われる．

例文 028 私の父はこの事務所で働いている．

My father works in this office.
Mon père travaille dans ce bureau.

例文 029 彼は1日おきに入浴する．

He takes a bath every other [second] day.
Il prend un bain tous les deux jours.

語彙 仏語で「A おきに（毎に）」と表現するには〈tous [toutes]＋les＋A＋単位（時間など）〉が使われる．⇨ p. 9

8 英 現在・過去進行形 vs 仏 直説法現在・半過去

「（今）〜している〔（過去に）〜していた〕」といった現在や過去の行為の進行・状態を表すために英語で用いられる〈be 動詞＋-ing〉（進行形）を仏語では以下のように直説法現在や半過去（仏語の「"半"過去」の「半」は中途半

端の「半」，つまり未完了のニュアンスを示す）で表す．

例文 030 彼女は２階で何をしていますか？

What is she doing upstairs?
Qu'est-ce qu'elle fait en haut [au premier étage]?

補足 仏語で動作を表す動詞の場合には，文脈によって「～する」（現在形）とも「～している」（現在進行形）とも訳出できる．次の例を参照してほしい．

☐ **030**☆　彼はゴルフをする〈ゴルフをしている〉．

He plays golf.
He is playing golf. ⎫⎬⎭ ＝Il joue au golf.

語彙 英〈play＋スポーツ〉は 仏〈jouer à＋スポーツ〉と表現できる．また 英〈play the＋楽器〉を仏語では〈jouer de＋楽器〉と表現する．

◇ **英仏の疑問詞が対応しないケース** ◇

英語の 5 W 1 H〈when, who, where, what, why, how〉は仏語の〈quand, qui (qui est-ce que), où, que (qu'est-ce que), pourquoi, comment〉と対応する．しかし，下記のように英仏で疑問詞に違いが生じるケースもあるので注意したい．

☐ あなたはその婦人をなんと呼びますか？

What do you call that lady?
Comment appelez-vous cette dame?

☐ これは誰の携帯電話ですか？

Whose portable telephone is this?
A qui est ce téléphone portable?

☐ 何かニュースは？

What's the news?
Quoi de neuf?＝Qu'y a-t-il de nouveau?

> **例文 031**　私が部屋に入っていくと彼女はピアノを弾いていた．
>
> **She was playing the piano when I went into her room.**
> **Elle jouait du piano quand je suis entré(e) dans sa chambre.**

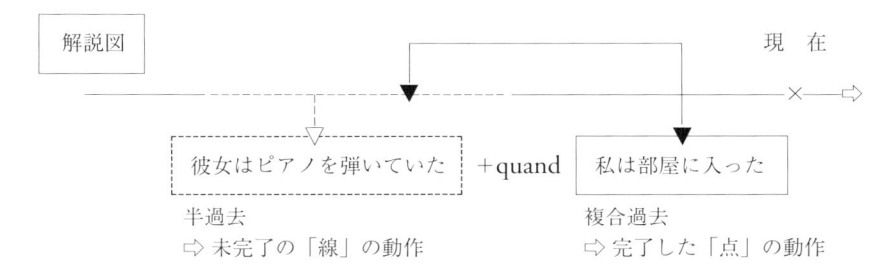

解説図

```
                            ┌──────────────────────────┐
                            ▼                          ▼          現　在
────────────────────────────────────────────────────────────×──▷
          ┌──────────────────────────┐        ┌──────────────┐
          │ 彼女はピアノを弾いていた │ +quand │ 私は部屋に入った │
          └──────────────────────────┘        └──────────────┘
                   半過去                           複合過去
              ⇨ 未完了の「線」の動作            ⇨ 完了した「点」の動作
```

補足　031 は「彼女がピアノを弾いていたとき，私は部屋に入った」と前から後に訳出することもできる．⇨ **姉妹編**『ケータイ万能』p.191

例文応用　仏語の直説法半過去が常に英語の過去進行形に相当するというわけではない．「半過去」は過去の行為・状態の起点と終点を考えずにある期間それが続いていた状況を切りとる時制なので（⇨031☆☆☆），**状態を表す英語の過去の文に相当するケースでも使われる**．⇨ 例文 147

☐ **031**☆　彼はパリにいた頃とても金持ちだった．

　He was very rich when he was in Paris.
　Il était très riche quand il était à Paris.

例文応用　半過去は**過去の習慣**を表す時制でもある．⇨ 例文 146, 148

☐ **031**☆☆　子供のころ早起きでした．

　When I was a child, I used to [would] get up early.
　Quand j'étais petit(e), je me levais tôt [de bonne heure].

例文応用　ただし，直説法半過去は"未完了"の動作・状態に使うため，「**期間」を明示する表現**（完了した時間を切りとった言いまわし）とともに用いることはできない．この点は初・中級レベルの人たちが間違えやすいので特に注意を要する．

☐ **031**☆☆☆　彼は２時間部屋でギターを弾いていた．

He was playing the guitar in his room for two hours.

Il a joué de la guitare dans sa chambre pendant deux heures.

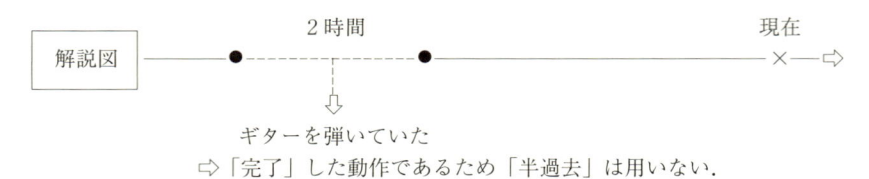

解説図	──●─────●──────────×──▷

　　　　　　　２時間　　　　　　　　　　　現在

⇩
ギターを弾いていた
⇨「完了」した動作であるため「半過去」は用いない．

　なお，英語には頻度を表す副詞を現在進行形とともに用いて「～して（ばかり）いる」と話者の「不平・非難」を表す言いまわしがあるが，仏語は直説法現在で表現する．

（例文）**032**　彼女は何にでもケチをつけてばかりいる．

She is always finding fault with everything.

Elle trouve toujours à redire à tout.

語彙　仏〈 trouver à redire à … 〉で「～に文句（難癖）をつける」の意味．

9　近接未来・近接過去

9 ―(1) 近接未来

英　**be going to do**
仏　**aller＋***inf.*

（例文）**033**　（これから）休みの宿題をやるところです．

I am going to do my homework for (the) vacation.

Je vais faire mes devoirs de vacances.

(例文応用) 英〈be about to do〉に対応する形も仏語は**近接未来**で表すことができる ⇨ p. 88

☐ **033**☆　ショーが始まろうとしている．

The show is about to begin.

Le spectacle va commencer.

(例文応用) 英語では往来発着のニュアンスを持つ動詞が**現在進行形**で使われても近接未来の意味になる．これも仏語では**近接未来形**が用いられる．

☐ **033**☆☆　彼らはそろそろここに到着するでしょう．

They are arriving here any minute.

Ils vont arriver ici d'un moment à l'autre.

(例文応用) 主語が2人称のケースでは 英〈be going to〉を否定文にして禁止のニュアンスを表わせるように，仏〈aller＋*inf.*〉が**命令**（否定では**禁止**）を表すことがある．

☐ **033**☆☆☆　ここで煙草を吸わないで．

You're not going to smoke here!

Vous n'allez pas fumer ici!

(補足) 英〈Don't smoke here!〉，仏〈Ne fumez pas ici!〉と同じ否定命令文に相当する言いまわし．

(例文応用) 仏語の近接未来は**直説法半過去**の時制で用いられると，「（あのとき）～しようとしていた」の意味になる．

☐ **033**☆☆☆☆　私たちはその仕事にとりかかろうとしていた．

We were going to begin the job.

Nous allions commencer ce travail.

ただし，仏語の〈aller＋*inf.*〉が常に近接未来を表すわけではない．次の例文は「～しに行く」（英 be to go）と文字通り aller＝「行く」という動作を表現するケース．

> 例文 **034** 私は駅に友だちを迎えに行くところです．
>
> **I am to go to meet my friend at the station.**
> **Je vais chercher mon ami(e) à la gare.**

9 —(2) 近接過去
英 **have just＋過去分詞**
仏 **venir (juste) de＋*inf.***

> 例文 **035** （ちょうど）宿題を終えたところです．
>
> **I have just finished my homework.**
> **Je viens (juste) de finir mes devoirs.**

例文応用　035 の英文を過去完了にした形は，仏語では**直説法半過去**になる．

☐ **035**☆　（ちょうど）宿題をやってしまった．
　I had just finished my homework.
　Je venais (juste) de finir mes devoirs.

補足　仏語の「近接未来」「近接過去」は直説法現在か直説法半過去で用いられる点に注意．

10　英 現在完了　vs　仏 直説法複合過去・現在

　仏語の直説法複合過去は「〜した」（過去に行われた動作・状態）の意味で使われるため，英語の過去形に相当する時制（⇨ 036）．ただし，英語の現在完了の「完了（結果）」（⇨ 037）「経験」（⇨ 038）のニュアンスを表す時制でもある（注意：「継続」のニュアンスを表す場合（⇨ 039, 040）には，仏語は通常，直説法現在が使われる）．

例文 036　シルヴィア〔シルヴィー〕は3日前に退院しました.

Sylvia left [got out of] (the) hospital three days ago.
Sylvie a quitté [est sortie de] l'hôpital il y a trois jours.

補足　言うまでもないが，英語では上記の例文のように明らかな過去を表す表現〈three days ago〉とともに現在完了を使うことはできない.

例文 037　あなたはもう宿題をやってしまいましたか？

Have you already finished your homework ?
Avez-vous déjà fini vos devoirs ?

補足　通常「完了」のニュアンスを表す現在完了は仏語の複合過去に対応する.

例文応用　「結果」を表す現在完了も仏語では複合過去で表現される.

□ 037☆　彼女はパスポートをなくした（今も出てこない）.

She has lost her passport.
Elle a perdu son passeport.

例文 038　富士山に登ったことがありますか？

Have you ever climbed Mt. Fuji ?
Avez-vous déjà escaladé le Mont Fuji ?

補足　「経験」を表す現在完了も仏語の複合過去が対応する.

語彙　仏〈escalader le Mont Fuji〉は「富士山に登る」．登山〈ascension〉という名詞を用いて，〈faire l'ascension du Mont Fuji〉と表現することもできる.

例文 039 君はいつから病気なの？

How long have you been ill?
Depuis quand [Combien de temps] es-tu malade ?

補足 英語の現在完了「継続」のニュアンスを表す仏語は複合過去ではなく現在形を用いるのが通例．なお，下記の例文も同じ．

☐ **039*** 子供のころから東京に住んでいる．

I have lived in Tokyo since I was a child.
J'habite à Tokyo depuis mon enfance.

例文 040 今朝からずっと雨が降り続いている．

It has been raining since this morning.
Il pleut depuis ce matin.

補足 英語の現在完了進行形「ずっと〜し続けている」〈have been -ing〉（過去から現在までの「動作の継続」を表す時制）も，仏語では現在形で表される．

例文応用 ただし，継続していた行為が現時点で「終わっている」内容であれば，仏語でも複合過去が使われる．

☐ **040*** 君は今までこの部屋で何をしていたのですか？

What have you been doing in this room till now?
Qu'est-ce que tu as fait dans cette pièce jusqu'à maintenant ?

---

11 英 過去完了 vs 仏 直説法大過去

　一定の過去を基準に，それ以前の事柄を表すために英語では過去完了〈had＋過去分詞〉の形が使われるが，仏語でそれに相当する時制は直説法大過去〈avoir [être] の直説法半過去の活用＋過去分詞〉の形．

> **例文** 041　彼が駅に着いたときすでに始発は出発してしまっていた．

When he got to the station, the first train had already left.
Quand il est arrivé à la gare, le premier train était déjà parti.

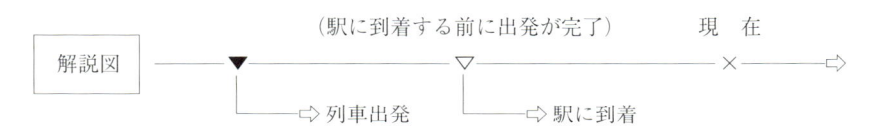

解説図　――――▼―――――▽――――――――×――――⇨
　　　　　　　　（駅に到着する前に出発が完了）　　現　在
　　　　　　└⇨ 列車出発　└⇨ 駅に到着

補足　「過去のある時点」（駅に着いたとき）までに「完了した動作」（始発の出発）を表すために英語では過去完了が，仏語では大過去が使われている．

> **例文** 042　私は一昨日買った時計をなくしてしまった．

I lost the watch (which/that) I had bought the day before yesterday.
J'ai perdu la montre que j'avais achetée avant-hier.

補足　主節の動詞と関係詞節の時制の前後関係を表すために過去完了（仏語では大過去）が使われている例．なお，仏語で関係代名詞 que の前に置かれた先行詞〈la montre〉に後続の過去分詞〈acheté〉が性数一致する点に注意．
⇨ **姉妹編**『英わか』〈英語とフランス語ここが違う〉p.93

> **例文** 043　彼女は上京する前この工場で働いていた．

She had been working in this factory before coming to Tokyo.
Elle travaillait dans cette usine avant de venir à Tokyo.

補足　英語の過去完了進行形（「継続」のニュアンス）には，仏語の直説法半過去が対応する．これは現在完了の「継続」を仏語で現在形で表す関係に呼応する展開．⇨ 例文 039, 040

12 英 未来完了　vs　仏 直説法前未来

　未来の一定時を基準に，それまでに「完了」「経験」「継続」していた事柄を表すために使われる英語の時制は未来完了〈will [shall] have＋過去分詞〉．これに相当する仏語は直説法前未来〈avoir [être] の単純未来の活用＋過去分詞〉．

例文　044　私は昼前には仕事を終えているでしょう．

I will [shall] have finished my work before noon.
J'aurai fini mon travail avant midi.

補足　英〈before noon〉，仏〈avant midi〉がそれぞれ未来の基準点を示している．

例文　045　私は今年の夏でフランス語を5年間勉強したことになる．

I will have been studying French for five years by this summer.
J'aurai étudié le français pendant cinq ans d'ici cet été.

補足　英語は「動作の継続」を表す未来完了進行形が用いられる．
語彙　仏〈d'ici＋時の副詞〉は「今から〜までに」の意味．

　なお，英語には「時や条件を表す副詞節」のなかで未来形の代わりに「現在」が使われ，未来完了の代わりには「現在完了」が使われるという**文法上の制約**がある．しかし，仏語にはこの文法上の制約はない．

例文　046　彼女が帰宅したら君に電話します．

I'll call you when she comes home.
Je te téléphonerai quand elle rentrera (à la maison).

例文 **047**　彼女がいつ帰宅するかわかりません.

I don't know when she will come home.
Je ne sais pas quand elle rentrera (à la maison).

補足　046 は〈when〉以下の文章が副詞節「～のとき」であるのに対して，047 は名詞節「いつ～」になっている．このため英語では，従属節中に 046「現在形」(未来形は用いない) と 047「未来形」の差が生じる．しかし，上記の通り，仏語にこの区別はない．

◇ **英仏時制対応簡易表** ◇　⇨　**姉妹編**『英わか』p. 93

英語	仏語	英語	仏語
現在	⇨ 現在	過去進行形	⇨ 半過去
現在進行形	⇨ 現在	過去の習慣	⇨ 半過去
過去	⇨ 複合過去	過去完了〔完了〕	⇨ 大過去
現在完了〔完了〕	⇨ 複合過去	〔経験〕	⇨ 大過去
〔結果〕	⇨ 複合過去	〔継続〕	⇨ 半過去
〔経験〕	⇨ 複合過去	未来	⇨ 単純未来
〔継続〕	⇨ 現在	未来完了	⇨ 前未来

＊仏語の条件法については英語の仮定法との比較で後述する．また 接続法については，それが使われる当該の構文のなかで適時触れていく．

3 英仏「主語」の比較・対照

主として，非人称主語を中心に英仏を対照していく．文章の柱になる主語の展開を知ることで文の中心軸が把握できる．

13 非人称主語

英語で時間・天候・距離・明暗などを表す文章に主語として用いられる非人称主語の〈it〉を，仏語では非人称の〈il〉を使って表現する．

例文 048　6時半です．

It is half past six.
Il est six heures et demie.

例文 049　今朝はとても寒い．

It is very cold this morning.
Il fait très froid ce matin.

補足　主観的に「自分が寒い」の意味なら仏語では〈avoir froid〉の形を用いる．⇨ pp. 10–11．なお，「とても寒い」と表現する際に，英語の口語では〈It's freezing.〉，仏語の俗語では〈Ça caille.〉といった言い方も使われる．

15 以降で詳しく英仏の構文比較・対照を進めていくが，下記のように**形式主語**としても非人称の〈it〉,〈il〉が使われる．

例文 050　覆水盆にかえらず．

It is no use crying over spilt milk.
Il est inutile de pleurer sur le lait renversé.

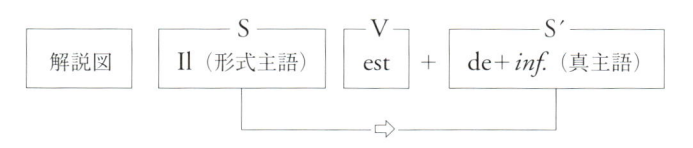

解説図 | Il（形式主語） S | est V | de+*inf.*（真主語） S′ |

補足 この諺は英語のもので，通例，仏語でこの言いまわしは使われない．また，使用する場合でも文頭の〈il est〉は省かれることが多い．

14 仏 不定代名詞〔主語〕on

英語では「（一般的な）人・誰でも」の意味で人の習性や義務などを表現する場合に〈one〉が使われる．また，「私たち人間」，「一般の人びと」という意味で〈we, you〉あるいは「世間の人びと」という漠然とした意味で〈they〉が用いられることがある．このような明確には和訳されない"不定の人びと"を指し示すために仏語では〈on〉が使われる（ただし，日常の会話文では〈on〉は〈nous〉"私たち"の代用として使われることが多い）．

例文 051　健康に気をつけなければなりません．

One should take care of oneself.
On devrait prendre [avoir] soin de sa santé.

語彙 仏語では「健康に注意する」の意味で，上記のほかに〈se ménager〉〈veiller sur sa santé〉といった言い方も使われる．なお，仏語に条件法を使っているのは命令・要求の語気「～しなければならない」を和らげるための処理．

例文 052　スイスでは何語が話されていますか？

What language do they speak in Switzerland?
Quelle langue est-ce qu'on parle en Suisse?

例文応用 051, 052 の例のほかに，〈on〉は動詞〈être〉とともに「**時**」を表現する際の主語として用いられる（この意味では〈nous〉も使われる）．

☐ **052**☆　今日は日曜日です．

It's [Today's] Sunday.

On est [Nous sommes / C'est] dimanche.

(補足) 仏語では〈C'est〉を用いる形がもっとも口語的．

(例文応用) 以下の例は〈on〉が「**誰か，ある人**」(英〈someone〉) の意味で使われているケース．

☐ **052**☆☆　誰かがドアをノックしている．

Someone [Somebody] is knocking (at the door).

On frappe à la porte.

(補足) 仏語の口語では〈Ça frappe.〉の言い方もよく使われる．

また，仏語の〈on〉で展開する文章が英語の**受動態に相当**するケースも少なくない．

(例文) **053**　彼はすぐ出発するように命じられた．

He was ordered to start at once.

On lui a ordonné de partir tout de suite.

(補足) 仏語では英語のように間接目的語を受動態の主語にする構文は用いられない．つまり，この文を（×）〈Il a été ordonné...〉とは表現しない．
⇨ 姉妹編 『英わか』p.95, p.113

15　（人が）〜するのは〔形容詞〕である

15—(1)
英　**It is＋〔形容詞〕＋(for＋人)＋to do ...**
仏　**Il est [C'est]＋〔形容詞〕＋(à [pour]＋人)＋de** *inf.*

形式主語を使った構文．この構文で使われる代表的な形容詞は〈easy, facile〉〈difficult, difficile〉〈important, important(e)〉など．なお，仏語の〈C'est＋〔形容詞〕＋(pour 人)〉の形は主に会話で用いられる． ⇨ *cf.* 16 −(1)

例文 054　彼がこの問題を解くのは簡単だ．

It is easy for him to solve this problem.
Il lui est facile de résoudre ce problème.

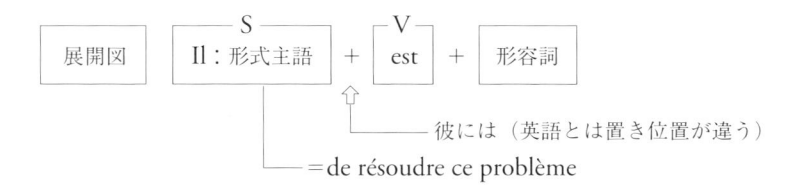

展開図　Il：形式主義 + S est + V 形容詞
彼には（英語とは置き位置が違う）
＝de résoudre ce problème

補足　英語の形にあわせて〈Il est facile pour lui de résoudre ce problème.〉と表現することもできる．〈Il lui est facile ...〉の lui は「彼に（とって）」の意味を表す間接目的語．ただし，口語では〈C'est facile pour lui de résoudre ce problème.〉と表現するのが通例．

例文応用　054 は副詞「簡単に」を用いて次のように書くこともできる．

☐ 054☆　彼は簡単にこの問題を解ける．

He can easily solve this problem.
Il peut facilement résoudre ce problème.

例文応用　さらに，**不定詞の目的語**を主語とした文に書きかえることもできる．

☐ 054☆☆　この問題は彼には簡単に解ける．

This problem is easy for him to solve.
Ce problème lui est facile à résoudre.

補足　仏語で非人称主語を導く前置詞〈de＋*inf.*〉（実質的な主語を導く形）が〈形容詞＋à＋*inf.*〉（形容詞に付随する形）へと変更される点に注意．⇨ *cf.* 057．ただし 054☆☆ は書き言葉で，口語では 英〈This is an easy problem for him to solve.〉，仏〈Ce problème est facile à résoudre pour lui.〉などと表現する方が自然な言いまわし．

> **例文** **055**　外国人が日本語を上手に話すのは難しい．
>
> **It is difficult for foreigners to speak Japanese well.**
> **Il est difficile aux étrangers [pour les étrangers] de bien parler (le) japonais.**

〈to do〉〈de＋*inf.*〉の意味上の**主語が明示されない**例も少なくない．

> **例文** **056**　席を予約する必要があります．
>
> **It is necessary to book seats.**
> **Il est nécessaire de réserver des places.**

すでに 054※※ で触れたように，15－(1) の構文は 英〈to do＋目的語 (A)〉の **A を主語にした書きかえができる**（つまり〈A＋be 動詞＋形容詞＋(for＋人)＋to do.〉の展開）が，仏語でも同様の構文を使うことができる．

> **例文** **057**　この機械は操作が難しい．
>
> **This machine is difficult to handle.**
> → **It is difficult to handle this machine.**
> **Cette machine est difficile à manier.**
> → **Il est difficile de manier cette machine.**

語彙　manier 他（道具などを）取り扱う；（車などを）運転する

15－(1) の構文で「形容詞」が**人の性質・性格**を表す場合（例：英 kind, nice, wise　仏 gentil, aimable, sage など）には，英語の不定詞の意味上の主語が〈of＋人〉に変わる．

> 15―(2)
> 英 **It is＋〔形容詞〕＋(of＋人)＋to do ...**
> 仏 **Il est [C'est]＋〔形容詞〕＋(à＋人)＋de *inf.***

055〜060 (🎧 12–13)

例文 058　手紙をいただいてどうもありがとうございます．

It is very kind [nice] of you to write to me.
C'est bien gentil à vous de m'écrire.

語彙　仏語では心からの感謝には形容詞〈gentil〉を用いるのが通例．類語の〈aimable〉は主に儀礼的な感謝の意味で使われる．

例文 059　この企画はやめにしたほうが利口でしょう．

It would be wiser to give up [renounce] this project.
Il serait plus sage de renoncer à ce projet.

補足　すでに見た文型の考え方に即せば仏語の動詞〈renoncer〉は〈à＋物事〉を導く間接他動詞（4文型を構成する動詞）になる．

16　（人が）〜するのに〔時間〕がかかる

16—(1)
英 It takes＋（人）＋時間＋to do
仏 Il faut＋時間＋(à＋人)＋pour＋*inf.*

例文 060　駅まで徒歩で30分かかる．

It takes thirty minutes to go on foot [walk] to the station.
Il faut trente minutes pour aller à pied à la gare.
＝Il faut trente minutes à pied pour aller à la gare.

　上記と同じく「時間」を目的語とする英語の〈spend〉(〈S＋spend＋時間＋(in) doing〉「Sは〜するのに〔時間〕がかかる（費やす）」)に相当する仏語は，〈passer〉(〈S＋passer＋時間＋à＋*inf.*〉)．

(例文) **061** 彼は2時間かけてバイクを修理した．

He spent two hours (in) repairing the motorbike.
Il a passé deux heures à réparer la moto.

(語彙) réparer 他 修理する；回復する ⇨ 女 réparation
　　仏語で「修理する」の意味で最も普通に使われるのが réparer．機械類を「調整する」には arranger が，建築物などを「修復する」には restaurer が用いられる．

(例文応用) 英〈spend＋お金〉「お金を費やす（使う）」に相当す仏語には〈dépenser〉を用いる．

□ **061**☆ 姉〔妹〕はこの旅行のためにたくさんお金を使った．

My sister spent a lot of money for this travel.
Ma sœur a dépensé beaucoup d'argent pour ce voyage.

16 －(1) の仏語の構文は〈il faut＋物＋(à＋人)〉の構文と考えて「(～には)…が必要である」と理解できるので，"物"の位置に"お金"を入れて「(人が)～するのに〔お金〕がかかる」の意味でも使うことができる．

16 －(2)
英 **It costs＋(人)＋お金＋to do**
仏 **Il faut＋お金＋(à＋人)＋pour＋*inf.***

(例文) **062** あのコンピュータを買うのに少なくとも10万円はかかる．

It costs at least 100.000 yen to buy that computer.
Il faut au moins 100.000 yen pour acheter cet ordinateur.

(例文応用) 英〈cost〉，仏〈coûter〉を用いて，英〈S＋cost(s)＋お金〉，仏〈S＋coûter＋お金〉としても英仏対照できる．

□ **062**☆ この辞書は50ドルです．

This dictionary costs 50 dollars.
Ce dictionnaire coûte 50 dollars.

また「**S が〜してから〔時間・期間〕になる**」を表現するのに下記の構文を使うことができる．

> 16 —(3)
> 英 **It has been [is]＋時間＋since＋S＋V〔過去〕**
> 仏 **Voilà [Il y a / Ça fait]＋時間＋que S＋V〔直説法〕**

例文 063 彼女がフランスを去って10年になります．

It has been [is] ten years since she left France.
Voilà [Il y a / Ça fait] dix ans qu'elle a quitté la France.

文法 英語では since 以下に過去形が使われるのが通常だが，仏語では状態が現在まで続いている場合には直説法現在をとることもある．たとえば「ポールが入院してから3週間になります」なら，〈Voilà [Il y a / Ça fait] trois semaines que Paul est hospitalisé.〉と表現される．

16 —(3) の構文を使って「〜してから久しい，長いこと〜である」の表現を英仏で比較すれば，英〈It is a long time since ...〉が使われるのに対して，仏〈Voilà [Il y a / Ça fait] longtemps que ...〉の形が用いられる．

例文 064 彼が死んでからもうかなり時間がたつ．

It's been [It's] a long time since he died.
＝**He has been dead (for) a long time.**
Voilà [Il y a / Ça fait] longtemps qu'il est mort.

例文応用 まったく同じ構文を使って「**お久しぶり**」（この前会ってから久しい）という挨拶が表せる．

□ **064**☆ たいへんお久しぶりです．

It's been [It's] a long time since I last saw you.
Il y a longtemps que je ne vous ai pas vu(e)(s).

補足 英〈a long time〉の誇張表現として，〈It's been ages since I last saw you.〉の言いまわしも使われる．

> 17 S が〜するのは〔形容詞〕である

〔17〕—(1)
英 It is＋〔形容詞〕＋that＋S＋(should)＋do
仏 Il est [C'est]＋〔形容詞〕＋que＋S＋V〔接続法〕

この構文で使われる仏語の形容詞は〈nécessaire〉「必要な」,〈surprenant〉「驚くべき」,〈normal〉〈naturel〉「当然な」,〈regrettable〉「残念だ」など.

例文 065 私たちは不測の事態に備える必要がある.

It is necessary that we (should) provide against accidents.
Il est nécessaire que nous parions à l'imprévu.

語彙 parer 間・他 (à に) 備える,予防策をとる / imprévu 男 意外な（予想外の）出来事 ⇨ parer à l'imprévu：不測の事態に備える

補足 英仏ともに上記の構文に〈easy, facile〉〈difficult, difficile〉といった形容詞を充てることはできない. ⇨ 15 —(1)

例文応用 上記の構文の「形容詞」の位置に**名詞**を置いた言い方もある.たとえば「〜は残念である」英〈It's a pity that ...〉に相当する,仏〈C'est dommage que ...〉の対応など.

☐ 065☆ 君がフランス語の勉強を諦めなくてはならないとは残念です.

It's a pity that you should give up your study of the French language.
C'est dommage que tu renonces à ton étude de la langue française.

例文応用 上記の表現の残念な気持ちをさらに**強める**と,たとえば英〈I'm very sorry that ...〉といった表現が使われるが,それを仏語にすると〈Je suis vraiment désolé(e) que〉あるいは〈Je regrette beaucoup que〉（いずれも接続法が続く）といった言いまわしになる.

☐ 065☆☆ 彼が病気なんてとても残念でなりません.

I'm very sorry that he is ill.
Je suis vraiment désolé(e) qu'il soit malade.

ただし 英15―(1) に対して 仏17―(1) という構文対応になる例もあるので注意したい.

> **例文 066** 君がお父さんに叱られるのは当然だ.
>
> **It is normal for you to be scolded by your father.**
> **Il est normal que tu te fasses gronder par ton père.**

また，17―(1) と同じ構文をとる展開でも，仏語では「形容詞」の性質に応じて (probable, certain, évident など), que 以下に置かれる動詞が**直説法**になるケースもある．なお，以下のようにこの仏語の構文パターンの大半が，英語では**副詞**を用いた表現に呼応する．

17―(2)
仏 Il est [C'est]＋形容詞＋que ＋S＋V〔直説法〕

> **例文 067** 彼はおそらく試験に失敗するだろう.
>
> **He is likely to fail (in) his test.**
> **Il est probable qu'il rate son exam.**

補足 仏語は副詞を用いて〈Il rate probablement son exam.〉と書くこともできる．なお，〈rater un exam〉は学生がよく使う用語で〈échouer à un examen〉に相当する．⇨ 例文 144

◇「試験」にからむ英仏単語の異同 ◇
- 試験を受ける　　　英 take [do] an examination
　　　　　　　　　　仏 passer [subir] un examen
- 試験に合格する　　英 pass [succeed in] an examination
　　　　　　　　　　仏 réussir [être reçu(e) à] un examen
   ＊学生の用語では 仏〈avoir un exam〉とも言われる．

- 試験に落ちる　　　英 fail (in) an examination
　　　　　　　　　　仏 échouer [être refusé(e)] à un examen
  ＊学生の用語で 仏〈se planter à un exam〉〈être collé〉といった言い方も用いられる．
  ＊仏語で〈examen〉（略 exam）は学校などでの一定の点数が合格となる試験を指し，〈concours〉は入学試験のような定員の決まっている競争試験を言う．

（例文）**068**　彼が昨日家にいたのは確かだ．

He certainly stayed at home yesterday.
C'est certain qu'il est resté à la maison hier.

ただし，068 で使われた 仏〈certain(e)〉（確かな根拠・証拠に基づいた客観的な確信）とほぼ同意になる 英〈sure〉仏〈sûr(e)〉（主観的な判断に基づく確かさ）を用いる場合には，**非人称ではなく**，主に，英〈S＋be 動詞＋sure that＋S＋V〉，仏〈S＋être sûr(e)(s) que＋S＋V〔直説法〕〉の構文（あるいは名詞を用いる展開）が使われる．

（例文）**069**　彼はきっと成功すると思う．

I am sure that he will succeed.
Je suis sûr(e) qu'il va réussir.

（例文応用）下記のように**名詞**を用いる表現に置きかえることもできる．

☐ **069**☆　彼はきっと成功すると思う．

I am sure of his success.
Je suis sûr(e) de son succès.

18 S は～であるらしい（と思われる）

英 It seems (to＋人)＋that＋S＋V
仏 Il semble (à＋人)＋que ＋S＋V〔接続法／直説法〕

　この仏語の構文（非人称構文）は，伝える内容の確信の度合いが強いと直説法も使われるが，通常は接続法．ただし，主節が疑問・否定文のときにはつねに接続法が使われる．なお，"à＋人" がある場合には否定・疑問を除いて直説法になる（⇒ 071）．なお類似表現に 19 －(2) の形がある．

例文 070　彼は私を兄〔弟〕と間違えたらしい．

It seems that he took me for my brother.
Il semble qu'il m'ait pris pour mon frère.

語彙　prendre A pour B：「A を B と取り違える（みなす）」
補足　仏〈On dirait qu'il m'a pris pour mon frère.〉とすると口語的な言いまわしになる．

　18 の構文を「私には～だと思われる」とする場合には，下記のような展開になる．このとき仏語では**直説法**が使われる点に注意．

例文 071　私には彼は何でも知っているように思える．

It seems to me that he knows everything.
Il me semble qu'il connaît tout.

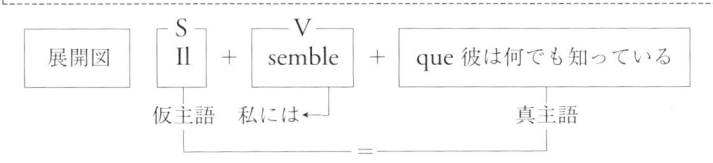

展開図　［S: Il］＋［V: semble］＋［que 彼は何でも知っている］
仮主語　私には←　　　　　　　真主語
　　　　　　　　＝

補足　仏〈Il semble tout connaître.〉と「私には」を省略して書くこともできる．ただし，この文章の〈il〉は非人称主語ではない．

(例文応用) 071 を「～のような気がする〔思う〕」英〈S＋**have a feeling that ...**〉, 仏〈S＋**avoir l'impression que**＋〔直説法〕〉を使って書きかえてもほぼ同じニュアンスになる.

☐ **071**☆ 彼はよくわかっていなかったと私は思う.

I have a feeling that he didn't understand very well.

J'ai l'impression qu'il n'a pas bien compris.

(例文応用) 英〈seem＋形容詞〉, 仏〈sembler＋形容詞〉の形もよく使われる.

☐ **071**☆☆ あのご婦人はとても金持ちらしい.

That lady seems (to be) very rich.

Cette dame semble (être) très riche.

19 S は～であると言われている（そうだ）

19—(1)
英 **People [They] say that＋S＋V**
仏 **On dit que＋S＋V**〔直説法〕

(例文) 072 フランス人は個人主義者だと言われる.

People [They] say that the French are individualists.

On dit que les Français sont individualistes.

(補足) 仏語では〈on dit〉の後に, たとえば, 〈on dit partout que ...〉「～と至る所で言われている」といった表現を追記することもできる. また, 英語は〈It is said that ...〉の形で言いかえられる.

仏語の〈On dit que ...〉を条件法を使って〈On dirait que＋S＋V〔直説法〕〉とすると「〔五感を通じた感覚を前提に〕（まるで）**～のようだ**」の意味になる（たとえば 英〈It looks as if ...〉に相当する）.

(例文) **073** 雨になりそうだ．

It looks as if it is going to rain.
On dirait qu'il va pleuvoir.

(補足) 仏〈On a l'impression qu'il va pleuvoir.〉とも書ける．なお，英〈It looks [seems] as if...〉の展開には，直説法を用いる．仮定法は使われない．
⇨ 84

(例文応用) ただし，〈On dirait que...〉が常に〈It looks as if...〉に呼応するわけではない．たとえば「**聴覚**」を通じての感覚という前提ならば，「～らしい（ようだ）」という英仏対照は下記のようになる．

□ **073**☆ 誰かが庭を歩いているようだ．

It sounds as if someone is walking in the garden.
On dirait que quelqu'un marche dans le jardin.

仏語で，一般性を持った情報ではなく，人から聞いた情報，あるいは新聞・テレビなどから知った情報（あるいは外見の印象）に対して用いられる「（どうも）**S は～であるらしい**〔推測〕」の表現には次の形が使われる（なお，英語の〈appear〉は 18 の〈seem〉とほぼ同義）．

19 —(2)
英 **It appears [seems] that＋S＋V**　⇨ 18
仏 **Il paraît que＋S＋V**〔直説法〕

(例文) **074** 近々ポールはメアリー〔マリー〕と結婚するらしい．

It appears [seems] that Paul is getting married to Mary.
Il paraît que Paul va se marier avec Marie.

(補足) 「～とは思われない」と主節を否定にすると仏語は接続法が使われる．

(例文応用) 「～らしい」を**挿入句**として使う次のような展開もある（英〈it seems〉に対して仏〈semble-t-il〉〈paraît-il〉といった倒置形になる）．

□ **074**☆ 彼は高齢なのに健康であるらしい．

He is in good health, it seems, for all his advanced age.
Il est en bonne santé, semble-t-il, malgré son grand âge.

(例文応用) 074 を**単文**にして「S は〜のように見える（らしい）」と表現する 英 〈appear [seem] to do ...〉の言いまわしがあるように，仏 〈paraître＋*inf.*〉の展開もある．

□ **074**☆☆ 彼女は君のことが好きらしい．

She appears [seems] to love you.
Elle paraît t'aimer.

(例文応用)「〜らしい」の表現でも「**相応（ふさわしい）・値する**」のニュアンスであれば，たとえば次のような例で英仏を対照できる．

□ **074**☆☆☆ そんな風に言うなんて君らしくない．

It's not worthy of you to talk like that.
Il est indigne de toi de parler ainsi.

---

20 〜するのは...である〔強調構文〕

20—(1)
英 It is ... that [who] 〜
仏 C'est ... qui 〜 / C'est ... que 〜

仏語では，主語を強調するためには〈C'est＋主語＋qui＋V〉を，主語以外の要素を強調するには〈C'est ... que＋S＋V〉の構文が用いられる．

例文 **075** この辞書を私にくれたのはあなたの叔父です．

It was your uncle who [that] gave me this dictionary.
C'est votre oncle qui m'a donné ce dictionnaire.

(補足) 仏 〈Votre oncle m'a donné ce dictionnaire.〉の主語を強調した形．
⇨ 姉妹編 『英わか』p. 68

例文応用 仏語で主語が人称代名詞の場合には，強調構文中で人称代名詞の**強勢形**が使われる．

☐ **075**☆ 彼にあの辞書を買うように言ったのは君だ．

It is you who told him to buy that dictionary.
C'est toi qui lui as dit d'acheter ce dictionnaire.

補足 仏〈Tu lui as dit d'acheter ce dictionnaire.〉の主語を強調している．

強調する文が過去の場合，英語では〈It was ... that ~〉と強調構文の動詞を過去にするが，仏語は〈c'est〉のままでよい（ただし，ときとして直説法半過去〈c'était〉，単純未来〈ce sera〉などを使うケースもある）．

例文 076 （学術）会議が開かれたのは1月17日でした．

It was on January 17th that the congress took place [was held].
C'est le 17 janvier que le congrès s'est tenu [s'est ouvert].

補足 仏〈Le congrès s'est tenu [s'est ouvert] le 17 janvier.〉の時間（状況補語）を強調した文章．なお，1月17日を日付を先にして〈17th January〉と書くケースもある．

語彙 congrès 男 〔政治・外交・学術などの〕会議，大会
　〈congrès〉は定期的に開かれる大規模な会議．「集会・会合」の意味で最もよく使われるのは〈réunion〉．〈conférence〉は主に国際会議の意味で使われる単語．

「~してはじめて...する」の言いまわしも強調構文が用いられる代表的な言いまわし．

20—(2)
英 It is not until ~ that+S+V...
仏 C'est quand ~ que +S+V...

> 例文 **077** 私は卒業してはじめて勉強の重要さがわかった．
>
> **It was not until I left school that I realised the importance of study.**
> **C'est quand j'ai eu fini mes études que j'ai réalisé leur importance.**

展開図

J'ai réalisé l'importance des études (+)
(A)
quand je les ai eu finies
(B)　＊〈finies〉の性数一致は直接目的補語〈les＝des études〉であるため．

⇨ C'est　(B)　que　(A)

補足　仏語の〈quand～〉「～のとき」を〈c'est ... que〉で強調した形になっている．一方，英語は〈not ... until～〉を〈it is ... that〉で強調した展開．なお，〈j'ai eu fini〉の形は複複合過去（重複合過去）と呼ばれる口語表現．
⇨ 姉妹編『ケータイ万能』p. 195

仏語で，強調される部分が quand を用いた節になっていないケースであれば，〈c'est seulement [ce n'est que]～que＋S＋V...〉の形が使われる．

> 例文 **078** 今朝になってはじめて彼はその事故のことを聞いた．
>
> **It was not until this morning that he heard about the accident.**
> **C'est seulement [Ce n'est que] ce matin qu'il a entendu parler de cet accident.**

補足　英語では否定語を文頭に置いて〈Not until this morning did he hear about the accident.〉と書くこともできる．

21 ～するまでに時間がかかるだろう

21—(1)
- 英 It will be a long time before＋S＋V
- 仏 Il passera du temps avant que＋S＋V〔接続法〕

例文 079 彼が出世するには時間がかかるだろう．

It will be a long time before he succeeds in life.
Il passera du temps avant qu'il (ne) réussisse dans la vie.

語彙 réussir dans la vie：出世する　これは主に人生における成功を指す．会社などで「昇進する」には 仏〈être promu(e)〉が使われる．なお，仏〈Il passera de l'eau sous les ponts avant que ...〉（橋の下を水が流れる）の言いまわしで，「～するのに時間がかかるだろう」という口語表現になる．

補足〈avant que〉以下には接続法．英語の〈before〉に導かれた節は時を表す副詞節であるので未来時制は用いない．

例文応用 079 を見てわかるように接続詞 英〈before〉に 仏〈avant que＋S＋(ne)＋〔接続法〕〉が呼応する．

□ **079**☆ 暗くなる前に家に帰りましょう．

Let's go home before it gets dark.
Rentrons avant qu'il (ne) fasse nuit.

21-(1) と同じく〈temps〉を使った構文で「(そろそろ) ～してもよい時(頃)である」を表現するには下記の形が使われる．

21—(2)
- 英 It is time for＋人＋to do / It is time that＋S＋V〔過去〕
- 仏 Il est temps de＋*inf.* / Il est temps que＋S＋V〔接続法〕

(例文) **080** 君の娘さんはそろそろ車の運転を習ってもよい頃です．

It is (about) time that your daughter learned to drive.
Il est temps que ta fille apprenne à conduire.

(補足) この構文に使われる英語の過去とは仮定法 " 過去 " のこと．

22 〜かもしれない / 〜に違いない / 〜のはずがない

　本書 p. 70 以降で英語の助動詞と対応する仏語をチェックしていくが，ここでは，英語で形式主語の〈it〉を用いて〈It＋〔助動詞〕＋be＋that ...〉の構文（文法的には〈It is that ...〉「それは〜ということである；実情は〜である」の表現に助動詞が挿入されたと理解できる形）で展開する言いまわし，あわせて同様のニュアンスを持つ形容詞でも置きかえられる表現に対応する仏語をチェックしておきたい．
　まず「〜かもしれない」と軽い推量を表す表現から．

22—(1)
英 **It may be that＋S＋V＝It is possible (that)＋S＋V**
仏 **Il se peut que＋〔接続法〕＝Il est possible que＋〔接続法〕**

(例文) **081** 彼女がミスをしたかもしれない．

It may be that [It is possible] she made a mistake.
Il se peut [Il est possible] qu'elle ait fait une faute.

(補足) 英語では〈She may have made a mistake.〉と書く方が普通．

　次に「〜に違いない」と強い推定を表す言い方．仏語の動詞に 22—(1) と違い直説法が使われる点に注意．

22—(2)
英 **It must be that＋S＋V＝It is certain that＋S＋V**
仏 **Il est [C'est] certain que＋〔直説法〕**

(例文) **082** 彼女は病気に違いない．

It must be [It is certain / I'm sure] that she is ill.
C'est certain qu'elle est malade.

(補足) この例文（書き言葉）は英仏ともに多様な言いまわし（口語表現）で置きかえられる．たとえば，英〈She must be ill.〉〈She is certainly ill.〉〈I'm sure she's ill.〉，仏〈Elle doit être malade.〉〈Je suis sûr(e) qu'elle est malade.〉など．

英語では通例〈cannot〉で表現される「～のはずがない」の表現を仏語では次の構文で言い表せる．

22—(3)
仏 **Il n'y a pas de raison (pour) que**＋〔接続法〕
 Il est impossible que＋〔接続法〕

(例文) **083** あのフランス語の教科書が出版されるはずがない．

That French textbook cannot be published.
Il n'y a pas de raison (pour) [Il est impossible] que ce manuel de français soit publié.

(補足) 例文 129 も参照のこと．なお参考書には（×）英〈It cannot be that S＋V〉を「～のはずがない」の構文として扱っているものもあるが，この形が実際に用いられることはない．また，〈It is impossible that S＋V〉の展開も稀．083 の例文を〈cannot〉としたのは上記のような理由による．

4 英仏「基本動詞」の比較・対照

比較的特徴的な構文が使われ，使用頻度の高い英語の動詞を仏語のそれと比較・対照していく．

> 23 人に A を思い出させる

23—(1)
[英] S＋remind＋人＋of＋A〔事柄（人）〕
[仏] S＋rappeler＋A〔事柄（人）〕＋à＋人

例文 084　この写真を見ると子供の頃を思い出す．

This picture reminds me of my childhood.
Cette photo me rappelle mon enfance.

解説図：　Cette photo（S）＋ rappelle（V）＋ 子供の頃
⇨「私に」me の置き位置に注意

例文応用　〈When(ever)〉を用いてこの英文が書きかえられるように，仏語では接続詞〈quand〉を使い，〈se rappeler〉と代名動詞を用いて次のように言いかえることができる．

□ 084☆　この写真を見ると（いつでも）子供の頃を思い出す．

When(ever) I see this picture, I'm reminded of my childhood.
Quand je regarde cette photo, elle me rappelle mon enfance.

英語〈remind〉と仏語〈rappeler〉との対応では，「人に～することを気づかせる（忘れていたら～を思い起こさせる）」という表現も次のように英仏で類似した構文で展開できる．

23 —(2)

> 英 S＋remind＋人＋to do〔that＋S＋V〕
> 仏 S＋rappeler＋à＋人＋de＋*inf.*〔que＋S＋V（接続法）〕

例文 085 私が両親に電話するのを忘れていたら言ってください．

Remind me to call my parents, please.

Rappelez-moi de téléphoner à mes parents, s'il vous plaît.

24 S のせいで（ために）（人は）〜できない

24 —(1)

> 英 S（人・物）＋prevent [keep]＋人 (A)＋from doing
> 仏 S（人・物）＋empêcher＋人 (A)＋de＋*inf.*

例文 086 アルコールのせいで私は眠れなかった．

The alcohol prevented [kept] me from sleeping.

L'alcool m'a empêché de dormir.

補足 英〈prevent〉，仏〈empêcher〉ともに「妨げて〜させない」を意味する動詞なので 086 を直訳すると「アルコールは私が眠るのを妨げた」となる．

例文 087 あなたの子供たちに邪魔されて仕事ができません．

Your children prevent me from working.

Vos enfants m'empêchent de travailler.

なお，後で再度チェックするが（⇨ 65），仏語で代名動詞〈s'empêcher〉を使う典型的な成句に，英〈cannot help doing〉「Sは〜せずにはいられない」に相当する以下のような表現がある．

24—(2)
英 S+cannot help doing [cannot but do]
仏 S+ne (pas) pouvoir s'empêcher de+*inf.*

例文 **088** 私は思わず笑ってしまった．

I couldn't help laughing.
Je n'ai pas pu m'empêcher de rire.

25 S は A を B と見なす（考える）

25—(1)
英 S+regard [look on (upon) / consider]+A+as+B
仏 S+regarder [considérer]+A+comme+B

例文 **089** クロードは天才だと思う．

I regard [look on / consider] Claud as a genius.
Je considère [regarde] Claude comme un génie.

補足 〈comme+B〉の位置には名詞，形容詞（形容詞化した分詞を含む）が置かれる ⇨ 例文 024 参照．なお仏〈prendre A pour B〉を用いても「A を B だと思う」の意味になる．ただしこの表現は，「A を B と取り違える」の意味でも使われるので注意したい． ⇨ 例文 070

25−(1) に類した表現で，他動詞〈penser〉を用いた疑問文による頻度の高い表現「(あなたは) **A** についてどう思うか」の場合には下記の形をとる．

25—(2)
英 What do you think of [about]＋A?
仏 Que pensez-vous [Qu'est-ce que vous pensez] de＋A?

例文 090　この計画についてあなたはどう思いますか？

What do you think of this project?

Que pensez-vous [Qu'est-ce que vous pensez] de ce projet ?

補足　この英語を〈How do yo think ...?〉とする形は非標準.

26　S は A からなる（構成される）

26—(1)
英 S＋consist of＋A
仏 S＋consister en＋A

例文 091　私のアパート〔アパルトマン〕は3部屋からなっている．

My apartment consists of three rooms.

Mon appartement consiste en trois pièces.

展開図　| Mon appartement (S) | ＋ | consiste (V) | ＋ | en＋部分・要素 |

⇒ 3部屋

26−(1) と同じ動詞を使って「S〔事柄〕は A〔抽象名詞〕**にある（存する）**」，「S は**〜することにある**」（この意味なら英語では動名詞，仏語では不定詞が導かれる）の意味になる場合には以下のように前置詞が変わる．

26—(2)
英 S+consist in+A / S+consist in+doing
仏 S+consister dans [en]+A / S+consister à+*inf.*

(例文) 092 あなたの幸福は他人を助けることにあるのですか？

Does your happiness consist in helping others?
Est-ce que votre bonheur consiste à aider autrui ?

27 S は〜（を求めて）しつこく頼む

27—(1)
英 S+insist that S+(should)+do
仏 S+insister pour que+S+V〔接続法〕

(例文) 093 彼女は私に駅で出迎えてくれと言ってきかない．

She insists that I (should) meet her at the station.
Elle insiste pour que je l'accueille à la gare.

(語彙) accueillir *qn.* à la gare：駅で人を出迎える（⇔ 駅まで人を見送る raccompagner *qn.* à la gare）

(補足) 093 の英文を〈She insisted upon my [me] meeting her at the station.〉と書くこともできる．なお上記の文章で should を省略する展開（主に米語）は，仮定法現在と称される．

ただし，⟨insist that⟩が事実の主張「(どうしても)〜だと主張する（説を曲げない）」であれば（このケースでは，通例，英語で動詞は直説法が使われる），仏語では動詞⟨affirmer⟩「断じる」が用いられる．

例文　094　彼は自分が無罪だと言って譲らなかった．

He insisted (that) he was innocent.
Il affirmait qu'il était innocent.

28　S〔人〕がAに依存する / S〔事柄〕はAによる（次第である）

28―(1)
英　**S＋depend on [upon]＋A**
仏　**S＋dépendre de＋A**

例文　095　老後は子供たちの世話になりたくない．

I don't want to depend on my children in my old age.
Je ne veux pas dépendre de mes enfants dans ma vieillesse.

例文応用　英⟨depend on (upon)⟩を仏⟨**compter sur** *qn./qch.*⟩と対応させることもできる．

☐ **095**☆　私は彼女をあてにしている．

I depend on her.
Je compte sur elle.

例文　096　すべてはあなた次第です．

It all depends on you.
Tout dépend de vous.

(例文応用) 会話で頻度の高い「ケースバイケースだ」の言い方には下記の決まり文句が使われる．

☐ **096**☆ それは場合による．

That depends.
Cela [Ça] dépend.

28－(1) を不定詞を用いて「～するのは（人）次第である」とするケースでは，仏語でも非人称構文（仮主語）が使われる．

28—(2)
英 **It is up to＋人＋to do**
仏 **Il dépend de＋人＋de＋***inf.*〔que＋S＋V（接続法）〕

(例文) **097** 何をするか決めるのはあなた次第です．

It is up to you to decide what to do.
Il dépend de vous de décider quoi faire.

(補足) 仏〈de décider quoi faire〉の箇所を〈de décider ce qu'il faut〉と書くこともできる．⇨ 例文 163

29 S が B（人・場所）から A（金品）を盗む（強奪する）

29—(1)
英 **S＋rob＋B（人・場所）＋of＋A（金品）**
仏 **S＋voler＋A（金品）＋à＋B（人・場所）**

(例文) **098** 少年が私から時計を奪った．

A boy robbed me of my watch.
Un petit garçon m'a volé ma montre.

(例文応用) この文章を主語を明示せずに「盗まれた」の**受け身**にする場合には仏語では〈on〉を使う形か〈se faire voler＋A（物）〉の言いまわしを用いる．

□ **098**☆　私は時計を盗まれた．

I was robbed of my watch.
On m'a volé ma montre.
＝**Je me suis fait voler ma montre.**

(補足) 英語で（×）〈I was stolen ...〉という受動態を用いないように，仏語でも（×）〈J'ai été volé ...〉という表現は不可．なお，仏〈On m'a piqué ma montre.〉という俗語表現でも 098☆ と同じ意味になる．

29―(1) は「強奪」のニュアンスだが，「S が B（人）から A（金品）を**こっそり盗む**」とする場合には次の構文が使われる．ただし，多くの場合「S が A（物）を盗まれる」という受け身の展開で用いられる．

29―(2)
英 **S＋steal＋A（金品）＋from＋B（人）**
仏 **S＋dérober＋A（金品）＋à＋B（人）**

(例文) **099**　泥棒が祖母から多額の金を盗んだ．

A thief stole a lot of money from my grandmother.
Un voleur a dérobé beaucoup d'argent à ma grand-mère.

(補足)「人から」（→祖母から）の代わりに「場所から」とすると，仏語では〈de＋場所〉の形が使われる．ちなみに 099 の例が「金庫から」であれば，英〈from the safe〉に対して仏〈du coffre〉となる．

(例文) **100**　私は財布を盗まれた．

I had my wallet stolen.
On m'a dérobé mon portefeuille.

補足 〈steal〉を用いた構文で「S（人）が〜を盗まれた」の受動態にするケースでは〈S＋had＋物（所有物）＋stolen〉の形が使われる．なお上記の仏語と直接対応する 英〈Someone stole my wallet from me.〉の形も可．

例文応用 100 から「被害」を表す構文〈S＋had＋所有物＋過去分詞〉を導けるが，それを仏語と対照すると次のような対比の例が考えられる．

☐ **100**☆　彼女は風で帽子を（吹き）飛ばされた．

She had her hat blown off by the wind.

Le vent a emporté son chapeau.

補足 英〈The wind blew her hat off.〉と書くこともできる．また，仏語を「（人の）帽子をとる」〈décoiffer〉という動詞を用いて〈Le vent l'a décoiffée.〉とも書ける．

---

30 S が A と B を比較する

30—(1)
英 **S＋compare＋A＋with [to]＋B**
仏 **S＋comparer＋A＋avec [à]＋B**

例文 **101**　私は自分の作品と彼女の作品を比較検討した．

I compared my work with hers.

J'ai comparé mon œuvre avec la sienne.

補足 仏語ではこの意味で，通常は前置詞〈avec〉が用いられるが受動態になると〈à〉を使うのが一般的．

　成句表現「〜を比べると」という言いまわしを英仏で対照すると次のような対応になる．

> **例文 102** 彼の給与と比べると私の給与はたいしたものじゃない．
>
> **Compared with his, my salary is nothing.**
>
> **Comparé à son salaire, le mien n'est rien.**

語彙 comparé à+A：A と比べると（比較すると）　これは過去分詞構文から派生した成句表現で，英語の〈(as) compared with A [to A]〉に呼応する．

仏語で，動詞〈comparer〉を代名動詞〈se comparer à+A〉とすると「S は **A にたとえられる**」の表現になり，英語の〈be compared to+A〉に呼応する言いまわしになる．

30—(2)
- 英 **S+be compared to+A**
- 仏 **S+se comparer à+A**

> **例文 103** 人生はしばしば旅にたとえられる．
>
> **Life is often compared to a voyage.**
>
> **La vie peut souvent se comparer à un voyage.**

31 A（事柄）は B（人）のおかげである

31—(1)
- 英 **S+owe+A（事柄）+to+B（人）**
- 仏 **S+devoir+A（事柄）+à+B（人）**

> **例文 104** 彼女が今の地位にあるのは父親のおかげです．
>
> **She owes her position to her father.**
>
> **Elle doit sa situation à son père.**

例文応用　仏語で A（事柄）の代わりに〈de＋*inf.*〉が使われることもある．

□ **104**☆　私が成功したのはあなたのおかげです．

I owe my success to you.

Je vous dois d'avoir réussi.

補足　名詞を用いて 仏〈Je vous dois mon succès.〉と書くこともできる．ただし（×）英〈I owe you my success.〉の語順は不可．なお，仏語の形容詞〈redevable〉「借り（恩義）がある」を使って〈être redevable de＋A（事柄）＋à＋B（人）〉「B に A で恩義がある」（英〈be indebted [beholden] to＋B（人）＋for＋A（事柄）〉）の言いまわしを用いてもほぼ同意になる．

31 －(1) と同じ構文で A（事柄）の位置に"お金"を入れると「**B に A（お金）を借りている**」の意味になる．あるいは，"義務（など）に関する語"を入れて「**B に対して A を負っている，A を B に示す義務がある**」の意味でも使われる．

31 ―(2)
英　**S＋owe＋A**（お金・義務）**＋to＋B**（人・場所）
仏　**S＋devoir＋A**（お金・義務）**＋à＋B**（人・場所）

例文　**105**　あなたは銀行に 1000 ユーロ借りているのですか？

Do you owe 1000 euros to the bank？

Vous devez 1000 euros à la banque？

補足　この例では，英〈Do you owe the bank 1000 euros？〉と 4 文型「人にお金を借りる」の語順を使う方が一般的．なお，上記のような具体的な金額の代わりに〈combien〉を用いた 仏〈Combien je vous dois？〉の言いまわしは「（直訳）私はあなたにいくら借りがありますか？」となる表現だが，日常会話で買い物の支払いに際して「おいくらですか？」（英〈How much do I owe you？〉）の意味で使われる決まり文句．

> **例文 106** 子供は両親を敬わなくてはならない（義務がある）．
>
> **Children owe respect to their parents.**
> **L'enfant doit le respect à ses parents.**

32 S は A が〜するのを〔しているのを〕見る（聞く，感じる）

> 英 S+V（知覚・感覚動詞）+A+do [doing] …
> 仏 S+V（知覚・感覚動詞）+A+*inf.* …

「見る・聞く・感じる」といった人間の五感にかかわる動詞は「知覚動詞」あるいは「感覚動詞」と称される． ⇨ 姉妹編 『ケータイ万能』p. 200

> **例文 107** あなたはあの子が階段から落ちるのを見たのですか？
>
> **Did you see that child fall down the stairs?**
> **Avez-vous vu cet enfant tomber de l'escalier?**

> **例文 108** 姉〔妹〕が部屋でピアノを弾いているのが聞こえた．
>
> **I heard my sister playing the piano in her room.**
> **J'ai entendu ma sœur jouer du piano dans sa chambre.**

例文応用 ただし，英仏の語順が常に一致しているわけではない．たとえば「私は猫がなかに入って来るのを見た」といった場合（108☆），仏語では通常〈S+V+*inf.*+A〉の展開になり英語とは**語順が逆**になる（この例は動詞が自動詞．他動詞を用いる場合なら英仏が同じ語順になる）．

☐ **108**☆　私は猫がなかに入って来るのを見た．
　　I saw a cat come in.
　　J'ai vu entrer un chat.

補足 32 の構文は「A が（状態）するのを見る〔聞く，感じる〕」を表す構文だが，"～している（進行中の動作）" の形，つまり「A が～しているのを見る〔聞く，感じる〕」を表すケースで，英語ならば補語の位置に現在分詞を用いた〈S＋V〔知覚動詞〕＋A＋doing〉の構文が使われるが，仏語では不定詞 (*inf.*) のままで "状態" も "進行中の動作" も表現できる．なお，仏語の代表的な知覚（感覚）動詞は上記例文に用いた〈voir, entendre〉のほかに，〈sentir, regarder, écouter, apercevoir〉などがあげられる．

33　S は A に～させる〔使役動詞〕

33—(1)
英　S＋make [have]＋A（人）＋do
仏　S＋faire＋*inf.* … [à / par]＋A（人）

　「～させる」の意味を持つ動詞を「使役動詞」という．英語では使役動詞の直後に使役の対象が置かれるが，仏語では使役動詞〈faire〉の直後は不定詞が来る．使われる動詞が，自動詞か他動詞かによって，また他動詞の目的語が名詞か代名詞かの違いによって，組み立てられる構文（語順）に違いがある点に注意を要する．

例文 109　彼は娘を1日中働かせた．

He made [had] his daughter work all day long.
Il faisait travailler sa fille toute la journée.

例文応用　英〈make〉には強制のニュアンスであるが〈have〉を用いれば「人に～してもらう」というニュアンスを帯びる．なお，上記の例文は仏語の不定詞が「自動詞」の例．このケースで「娘を」を「彼女を」と**人称代名詞に置きかえる**と次の語順になる．

□ **109**☆　彼は彼女を1日中働かせた．

He made her work all day long.
Il la faisait travailler toute la journée.

（例文） **110**　彼女は彼にこの小説を読ませた．

She made him read this book.
Elle lui a fait lire ce roman.

（例文応用）110 は使われている不定詞が「他動詞」のケース．「この小説を」（直接目的語）も「それを」と置きかえて**代名詞にすると**下記のようになる．

☐ **110**☆　彼女は彼にそれを読ませた．

She made him read it.
Elle le lui a fait lire.

ただし，仏〈faire＋*inf.*〉「～させる」の構文が機械的に 英〈make [have]〉の使役動詞と対応するわけではない．たとえば，次の例のように「**人を待たせる**」という内容であれば，英〈keep＋A＋waiting〉に相当する文章になる．

（例文） **111**　お待たせして申し訳ありません．

I'm sorry to have kept you waiting.
Je suis désolé(e) de vous avoir fait attendre.

（補足）不定詞が英仏ともに過去になっている点に注意．

また，放任動詞と呼ばれる仏〈**laisser**〉も 33 －(1) に類した構文で展開する．ただし，不定詞の動作主の置き位置に注意（不定詞が自動詞の場合には〈faire〉と同じ語順も可）．なお，〈faire〉が相手に積極的に働きかける意味があるのに対して，〈laisser〉は「～させておく」という消極的な意味合いで使われる．⇨ 姉妹編『ケータイ万能』p. 224

33 ―(2)
英　S＋let＋A（人）＋do
仏　S＋laisser＋A（人）＋*inf.*

(例文) **112** 私は息子に自分の車を使わせて（運転させて）いる．

I let my son drive my car.
Je laisse mon fils conduire ma voiture.

33 －(2) の不定詞の代わりに**形容詞**を置いて，仏〈laisser＋A＋B（形容詞）〉「A を B のままにしておく」（英語の〈leave [keep]＋A＋B（形容詞）〉に相当する）とする構文も頻度が高い．

(例文) **113** ドアをあけっぱなしにしないで．

Don't leave the door open.
Ne laissez pas la porte ouverte.

33 －(1) の動詞〈faire〉を**代名動詞**にして，〈se faire＋*inf.*〉「A を〜してもらう」の形にすると英〈S＋have[get]＋A＋過去分詞〉の構文と対比できる．

33—(3)
英 **S＋have [get]＋A（物）＋〔過去分詞〕**
仏 **S＋se faire＋*inf.*〔＋A（物）〕**

(例文) **114** 写真をとってもらった．

I had [got] a photo taken.
Je me suis fait(e) photographier.

(補足) これは代名動詞の〈se〉（この例文では〈me〉）が不定詞の直接目的補語「自分を〜させる」になっている例．

(語彙) 仏〈se faire photographier〉：写真をとってもらう
「A を写真にとる」とする際には〈prendre une photo de＋A (*qn./qch.*)〉あるいは〈prendre＋A (*qn./qch.*)＋en photo〉の表現を使う．

> **例文** 115　理容師に髪を切ってもらった．
>
> **I had [got] my hair cut by the barber.**
> **Je me suis fait couper les cheveux par le coiffeur.**

補足　これは代名動詞の〈se〉（この例文では〈me〉）が不定詞の間接目的補語「自分に～させる」になっている例．

34　S は A（人）の身体〔部〕を～する

英 S＋V（動作をしかける）＋A（人）＋前置詞＋the＋身体
仏 S＋V（動作をしかける）＋A（人）＋前置詞＋定冠詞＋身体

> **例文** 116　突然，彼女が私の腕をつかんだ．
>
> **Suddenly, she caught me by the arm.**
> **Soudain, elle m'a saisi(e) par le bras.**

補足　上記の英文は「私」に焦点があてられた言い方．英語では身体部（「腕」）に力点を置いて〈She caught my arm.〉「彼女は私の腕をつかんだ」の形も使われる．しかし，仏語では所有形容詞を用いた展開は一般には用いられない．⇨ **姉妹編**『ケータイ万能』p. 217．ただし，仏語では〈S＋V（動作をしかける）＋定冠詞＋身体＋à＋A（人）〉の形も使われるので，116 の文章を〈Soudain, elle m'a saisi le bras.〉と書くこともできる．

5 英仏「代名詞」の比較・対照

> 35 〜のそれ（それら）

35—(1)
英 that [those] of＋名詞
仏 celui [celle / ceux, celles] de＋名詞

　前出の〈the＋名詞＋of〜〉の "the＋名詞" の部分を受ける代名詞〈that〉（複数を受ける〈those〉）に対応するのが仏語の指示代名詞〈celui [celle]〉（複数を受ける〈ceux [celles]〉）.

例文 117 東京の人口はパリ（の人口）よりも多い.

The population of Tokyo is larger than that of Paris.
La population de Tokyo est plus importante que celle de Paris.

解説図　A de B ＋ V … que　A (celui, *etc.*) de C
　　　　└─ A が共通（性・数に注意）─┘

補足　〈celle de Paris〉＝〈la population de Paris〉の展開.

語彙　この例文で使われている 仏〈important(e)〉は「（規模・数量が）大きい」の意味.「人口の多い，人の住んでいる」を意味する形容詞〈peuplé(e)〉を用いると〈Tokyo est plus peuplée que Paris.〉の展開で同意になる.

　また，英語の〈those who ...〉が「**〜する人びと**」（＝people who ...）を表すのと同じように仏語では〈ceux qui ...〉として「〜する人びと」の意味を表すことがある.

例文 118 最も幸せな人とは自分の好きなことができる人たちのことだ．

The happiest people are those who can do what they like.

Les gens les plus heureux sont ceux qui peuvent faire ce qu'ils aiment.

語彙　英語の関係代名詞〈what〉に相当する仏語は〈ce qui / ce que〉の形．
⇨ p. 95

36　一方は…他方は〜 / 1つ（人）は…もう1つ（人）は〜

36—(1)
英　one … the other 〜
仏　l'un [l'une] … l'autre 〜

例文 119 その村には医者が2人いる．1人は外科医で，もう1人は歯科医だ．

There are two doctors in the village : one is a surgeon, and the other (is) a dentist.

Il y a deux médecins dans ce village : l'un est chirurgien, et l'autre est dentiste.

36－(1) に似た言いまわしに「**前者…後者**」の言い方がある．

36—(2)
英　the one … the other / the former … the latter
仏　le premier … le second [ce dernier] / celui-là … celui-ci

仏語では当該の名詞の性数に応じて，〈la première … la seconde〉〈celle-là [ceux-là, celles-là] … celle-ci [ceux-ci, celles-ci]〉と変化する．

> **例文 120** 家では猫と犬を飼っている．私は前者〔猫〕が好きだが，弟〔兄〕は後者〔犬〕が好きだ．
>
> **We keep a cat and a dog; I like the former, but my brother likes the latter.**
> **Nous avons un chat et un chien ; j'aime le premier [celui-là], mais mon frère aime le second [celui-ci].**

37 …する人もあれば，〜する人もいる

英 Some … others [some] 〜
仏 Certain(e)s … d'autre(s) 〜

> **例文 121** このプランに賛成の人もいるし，反対の人もいる．
>
> **Some agree to this plan, others [some] disagree.**
> **Certain(e)s approuvent ce plan, d'autres le désapprouvent.**

語彙 approuver 他（人・提案などに）賛成する ⇔ désapprouver

38 自分（それ）自身〔再帰代名詞〕

英 oneself
仏 soi-même

> **例文 122** ここでは何でも自分でやらなければならない．
>
> **You have to do everything yourself around here.**
> **Vous devez tout faire vous-même ici.**

ただし，〈oneself〉が〈soi-même〉以外の表現に置きかえられる例もある．たとえば，英語で"前置詞＋再帰代名詞"を使った成句表現，〈by oneself〉「１人で」(＝alone) に相当する仏語は〈tout(e) seul(e)〉の形になるし (〈par soi-même〉も可能)，あるいは，「ひとりでに」(英語で〈of itself〉も使われるが現在では〈by oneself〉が通例) に相当するのは〈tout seul〉あるいは〈de soi-même〉の形になる．

例文 123 私はこの仕事をひとりでやった．

I did this work by myself.
J'ai fait ce travail tout(e) seul(e) [par moi-même].

補足 たとえば「ひとり言を言う」なら 英〈speak to oneself〉，仏〈parler tout(e) seul(e)〉あるいは〈se dire (à soi-même)〉といった対応になる．

例文 124 ドアがひとりでに閉まった．

The door closed by itself.
La porte s'est fermée toute seule [d'elle-même].

また，〈in itself〉「**それ自体として，元来**」に相当する仏語の表現は〈en soi-même〉の形になる．なお，英〈itself〉「それ自身」が 126 のように**仏語の再帰代名詞**〈se〉（代名動詞）と一致するケースもある．

例文 125 この絵はそもそも芸術的ではない．

This picture is not artistic in itself.
En soi-même ce tableau n'est pas artistique.

例文 126 歴史は繰り返す．

History repeats itself.
L'histoire se répète.

6 英語で「助動詞」を用いる文章と仏語の比較・対照

英語の助動詞に相当する語が仏語では動詞と分類される（仏語で助動詞と呼ばれるのは複合時制を作る際の〈avoir〉と〈être〉）．ただし，仏語でも英語の助動詞に類する語には〈+ *inf.*〉が後続するため文の流れは似ている．事実，〈pouvoir〉〈savoir〉〈vouloir〉などは助動詞に準ずる語，つまり準助動詞と称される．

39　S は～することができる

---

39 ―(1) 助動詞 can

S は～することができる〔できない〕．
英　S＋can(not)＋do
仏　S＋(ne)＋pouvoir＋(pas)＋*inf.*
S は～のはずがない（あり得ない）．⇨ 22―(3)
英　S＋cannot＋do
仏　S＋ne pouvoir (pas)＋*inf.*

例文 127　このダンベル（バーベル）を持ち上げることができますか？

Can you lift this dumbbell?

Pouvez-vous soulever cet haltère ?

語彙　haltère 男 バーベル，ダンベル
　　重量挙げ（スポーツ）のことは〈poids et haltères〉と言う．

例文応用　〈savoir＋*inf.*〉でも「～することができる」の意味になる．ただし，〈pouvoir〉は個々の場面で，できるかできないかを問題にする語であるのに対して，〈savoir〉は生来，または学習・訓練による能力があってできるという意味で使われる点に違いがある．⇨ 姉妹編 『ケータイ万能』p.123

□ **127**☆ 〔普段は〕泳げますが，〔体の不調などで〕今日は泳げません．

I'm able to swim [I know how to swim], but I cannot swim today.
Je sais nager, mais je ne peux pas nager aujourd'hui.

可能「〜できる」を問う表現から転じた下記のような例もある．

(例文) **128** よく平気でそんなことが言えますね？

How can you say such a thing?
Comment pouvez-vous dire une chose pareille?

(補足) 英〈How can ...?〉の展開で「よく平気で〜できますね？」と驚き・意外性を表す言いまわしになる．

(語彙) 仏〈pareil(le)〉は英語の〈such〉〈like〉に相当する形容詞．

〈can〉を否定した文は「〜できない」と能力・可能を否定する言い方だけでなく，「〜のはずがない」（⇨ 例文 083）の意味でも使われる．後者の場合，英語は大半のケースで be 動詞が使われ，〈S＋cannot＋be＋C〔名詞・形容詞〕〉の展開になる．

(例文) **129** それが本当であるはずがない．

It [That] can't be true.
Cela [Ça] ne peut (pas) être vrai.

(例文応用) 次のように書きかえることもできる．

□ **129**☆ それが本当であるはずがない．

It can't possibly be true.
Il n'est pas possible que cela soit vrai.
　＝Il est impossible que cela soit vrai.

39 —(2) 助動詞 may [might]

S は〜してよい．
- 英 S+may [might]+do
- 仏 S+pouvoir+inf.

S は〜するかもしれない（あり得る）． ⇨ 22—(1)
- 英 S+may [might]+do
- 仏 S+pouvoir+*inf.*

(例文) **130**　煙草を吸ってもいいですか？

May I smoke?

Puis-je [Est-ce que je peux] fumer?

(例文応用)　許可「〜してもよい」を求める表現を否定した〈may not〉の形は禁止「〜してはいけない」の意味になる．

☐ **130**☆　アルコールを飲んではいけません．

You may not drink (alcohol).

Vous ne pouvez pas prendre d'alcool.

(例文応用)　なお，この意味で使われる仏語〈pouvoir〉に続く不定詞の部分を否定して〈ne pas+*inf.*〉とすると，英語の〈don't have to do〉「〜する必要はない」に相当する表現になる．

☐ **130**☆☆　あなたは来なくてよい．

You don't have to come.

Vous pouvez ne pas venir.

(例文) **131**　彼女は怒っているかもしれない．

She may be angry.

Elle peut être fachée.

130〜132 (27–28)

(例文応用) 非人称構文を使って次のように書きかえることもできる. ⇨ 例文 081

☐ **131**☆　彼女は怒っているかもしれない.

It is possible that she is angry.

Il se peut [Il est possible] qu'elle soit fâchée.

39—(3) 助動詞 must

S は〜しなければならない.
- 英 S+must[have to]+do
- 仏 Il faut+inf. / S+devoir+inf.

S は〜に違いない. ⇨ 22—(2)
- 英 S+must+do
- 仏 S+devoir+inf.

S は〜してはならない.
- 英 S+mustn't [may not]+do
- 仏 S+ne pas devoir+inf.
- 仏 Il ne faut pas+inf.

(例文) **132**　あなたは急がなければなりません.

You must [have to] hurry up.

Il faut vous dépêcher.

＝**Vous devez vous dépêcher.**

(例文応用) 英〈be obliged to do〉, 仏〈être obligé(e) de+*inf.*〉を用いても, 上記とほぼ同じニュアンスを表す言い方になる.

☐ **132**☆　(どうしても) 彼にタクシーに乗るように忠告しなければならない.

I am obliged to advise him to take a taxi.

Je suis obligé(e) de lui conseiller de prendre un taxi.

(補足) 英〈be under an obligation to do〉「〜する義務がある」に相当する表現. 仏〈être tenu(e) de+*inf.*〉も「〜しなければならない」のニュアンスを帯びる.

例文 **133** 彼女は病気に違いない．

She must be ill.

Elle doit être malade.

例文 **134** あんな口の聞き方をしてはならない．

You musn't talk like that.

Il ne faut pas parler comme ça.
＝Vous ne devez pas parler comme ça.

例文応用 仏〈il faut＋*inf.*〉の不定詞の代わりに，〈il faut＋名詞〉とすると「～が必要である」（英 need）の意味．

□ 134☆ それをするにはお金が必要です．

You need money to do that.

Il (vous) faut de l'argent pour faire cela.

補足 060 ですでにチェックした，「～するのに［時間］がかかる」の表現も上記と同じ考え方に立っている．

39 ―(4) 助動詞

S は～すべきである．
英 S＋should [ought to]＋do
仏 S＋devoir＋inf.
S は～することになっている（予定），～するつもりである（意図）．
英 S＋be (supposed) to do
仏 S＋devoir＋*inf.*

例文 **135** あなたはすぐにそれをすべきです．

You should [ought to] do it at once!
Vous devez le faire tout de suite !

例文 **136** 彼らは来月結婚することになっている．

They are to be married next month.
Ils doivent se marier le mois prochain.

補足　英〈be to do〉（予定）の言いまわしは厳密には助動詞ではないが，仏語〈devoir〉との関連を考えてここに載せた．

　なお，助動詞の〈need〉「～する必要がある」（普通，否定文・疑問文で用いられる．肯定文で使われるケースではたいてい本動詞〈need to do〉の展開）に対応する仏語は〈il faut〉の形でも表せるが（⇨ 134*），名詞の〈need〉に相当する〈besoin〉を用いた成句〈avoir besoin de＋*inf.*〉にも対応する．

例文 **137** お金をくずす必要があります．

I need to change some money.
J'ai besoin de changer de l'argent.

例文 **138** あなたはあの罰金を払う必要はない．

You need not [don't need to] pay that fine.
Vous n'avez pas besoin de payer cette amende.

補足　仏語を形容詞を用いた非人称構文で〈Il n'est pas nécessaire que vous payiez cette amende.〉と書くこともできる．⇨ 例文 065

> 40 S は〜したはずがない（かもしれない，違いない）

40―(1)
英 S＋cannot＋have＋過去分詞
仏 Ce n'est pas possible que＋S＋V〔接続法過去〕
英 S＋may [might]＋have＋過去分詞
仏 S＋pouvoir〔複合過去〕＋inf. / S＋pouvoir＋inf.〔過去〕
英 S＋must＋have＋過去分詞
仏 S＋devoir〔複合過去〕＋inf. / S＋devoir＋inf.〔過去〕

英語で"**助動詞＋have＋過去分詞**"の構文になる表現を仏語と対照する．

例文 139　彼は学校の成績がよかったはずがない．

He cannot have had a good record at school.
Ce n'est pas possible qu'il ait eu de bonnes notes à l'école.

語彙　仏〈avoir de bonnes [mauvaises] notes〉＝〈avoir de bons [mauvais] résultats〉：成績が良い〔悪い〕

例文 140　私は間違ったかもしれない．

I may [might] have made a mistake.
J'ai pu me tromper.
＝Je peux m'être trompé(e).

例文 141　彼は道を間違えたに違いない．

He must have gone the wrong way.
Il a dû se tromper de chemin.
＝Il doit s'être trompé de chemin.

"助動詞＋have＋過去分詞"で反語（修辞表現）「〜すべきだったのに（実際はしていない）」を表す表現はたとえば次の英仏対応となる．

40 —(2)

英 S＋should [ought to]＋have＋過去分詞
仏 S＋devoir〔条件法過去〕＋*inf.*

例文 142 あなたはもっと早くそれをすべきだったのに．

You should [ought to] have done it before.
Vous auriez dû faire cela plus tôt.

例文応用 否定文にすると，「～すべきではなかったのに（実際はしてしまった）」の意味になる．

□ **142**☆ あなたはあんなことを彼女に言わなければよかったのに．
You should not have said that to her.
Vous n'auriez pas dû le lui dire.

41 ～するのも当然である

41 —(1)

英 S＋may well＋do / It is natural that＋S＋shoud＋do
仏 Il est naturel que＋S＋V〔接続法〕

例文 143 君がそのニュースを聞いて驚くのも当然だ．

You may well be surprised at the news.
＝It is natural that you should be surprised at the news.
Il est naturel que tu sois surpris(e) de cette nouvelle.

例文応用 この表現を 英〈**have good reason to do**〉，仏〈**avoir raison de＋*inf.***〉を用いて言いかえることもできる．

□ **143**☆ 彼女が怒るのは当然だ．
She has good reason to get angry.
Elle a raison de se mettre en colère.

英語の〈may well〉は〈It is likely that ...〉「たぶん〜だろう」(〈may〉を単独で使うよりも確信の度合いは高い)の意味でもよく使われる.

> 41—(2)
> 英 S+may well+do [It is likely that+S+will+do]
> 仏 Il est probable que +S+V〔直説法〕⇨ 17—(2)

(例文) 144 たぶん彼女は来るだろう.

She may well come.
=It is likely that she will come. / She is likely to come.
Il est probable qu'elle viendra.

(補足) 仏〈Elle va sûrement venir.〉と副詞を用いて書くこともできる. また,〈Il est probable qu'elle vienne.〉と接続法が用いられる場合もある.

〈may as well A [as B]〉「〔B(動詞)するよりも〕A(動詞)**する方がよい**」(A, B に名詞が置かれる場合もある)の意味で使われる相関句に対応するのは下記の仏語.

> 41—(3)
> 英 S+may as well [would rather]+A+as [than]+B
> 仏 S+aimer mieux [autant]+A+que+B

(例文) 145 外出するよりこのままここにいる方がよい.

I may as well [would rather] stay here as [than] go out.
J'aime [aimerais] mieux rester ici que (de) sortir.

(例文応用) 英〈prefer+ A+ rather than (to)+ B〉, 仏〈préférer+ A+ (plutôt) que (de)+B〉で書きかえられる.

☐ **145**※ 外出するよりもこのままここにいる方がよい.
I prefer to stay here rather than (to) go out.
Je préfère [préférerais] rester ici (plutôt) que (de) sortir.

補足 仏語を〈Il vaut [vaudrait] mieux rester ici que de sortir.〉と書くこともできる．なお上記の表現を条件法〈vaudrait〉を使って表すと語調が和らぐ．

例文応用 41—(3) の構文で A, B に**名詞**を置く例文を示せば，下記のような英仏対応となる．

☐ **145**☆☆　私は化学より数学の方が好きだ．

I prefer mathematics to chemistry.

Je préfère les mathématiques à la chimie.

例文応用「～するほうがよい」の言い方では，英〈had better＋do〉がよく知られている．この表現に相当する仏語は〈S＋faire〔条件法〕＋mieux de＋*inf.*〉の形．⇨ 47

☐ **145**☆☆☆　いま出発したほうがよい．

You had better start now.

Vous feriez mieux de partir maintenant.

補足 これをもっと積極的な提案（命令）と考えた場合には仏語で〈Il vaut mieux que vous partiez maintenant.〉といった言い方が使われる．なお，英〈had better＋do〉は「～すべきである」のニュアンスを帯びるので多用するのは避けたい表現．

42　(以前は) よく～したものだ (過去の習慣)

42—(1)

英 S＋used to do ...

仏 S＋V〔直説法半過去〕...

「～したものだ」（過去の習慣）を表す表現は，仏語ではその多くを直説法半過去で表す．⇨ 例文 031☆☆

例文 **146**　毎週日曜日には友だちと一緒に釣りにいったものだ．

I used to go fishing with my friends every Sunday.

J'allais à la pêche avec mes amis tous les dimanches.

例文応用 仏〈avoir l'habitude de＋*inf.*〉「～する習慣がある」を**直説法半過去**にする展開でも「～したものだ」（過去の習慣）を表すことができる．

☐ **146**☆ かつてポールには飲酒癖があった．
Paul used to drink.
(Autrefois), Paul avait l'habitude de boire.

(例文応用) **146**☆ の仏語表現は「〜に慣れている」＝英〈be used to doing〉に対応する言いまわしにもなる．⇨ 例文 158

☐ **146**☆☆ 私は人前でしゃべることに慣れていない．
I'm not used to speaking in public.
Je n'ai pas l'habitude de parler en public.

英語の〈used to do〉「(かつては)〜だった」は**過去の状態**を表すケースもある．仏語では直説法半過去が使われる．

(例文) **147** 彼女はかつて映画が好きではなかった．

She used not to like movies.
(Autrefois) Elle n'aimait pas le cinéma.

(語彙) この例文で仏語〈film〉は用いない．
映画というジャンルは〈le cinéma〉，〈film〉は個々の映画（作品）を指す．なお，口語で〈C'est du cinéma.〉とすると「それは作り事だ（でたらめだ）」の意味．

42−(1)と同じく過去の習慣を表す表現として，英語の〈**would [often] do**〉の形がある．これも仏語では直説法半過去で表せる．

42—(2)
英 S＋would (often)＋do …
仏 S＋V〔半過去〕＋(souvent) …

(例文) **148** 父はよくへとへとになって帰宅したものだ．

My father would often come home tired out.
Mon père rentrait souvent très fatigué.

7　英語の「不定詞」(to do) を用いる文章と仏語の比較・対照

> 43　不定詞の基本 3 用法（名詞・形容詞・副詞）の英仏対応

43—(1)
英　名詞用法の不定詞

通例「～すること」と和訳でき，文中の主語・目的語・補語として用いられる不定詞が名詞用法の不定詞．まず，すでに見た諺を例にとりあげる．⇨ 例文 005

例文　149　百聞は一見にしかず．

To see is to believe.　[Seeing is believing.]

Voir, c'est croire.

(補足)　2 文型の構成，すなわち "S（見ること）＝C (A)（信じること）" の展開となる名詞用法の不定詞．英語は動名詞でも書かれる．ただし，細かいことだが，両者には微妙なニュアンスの差がある．不定詞が「動作とすばやさ」（→ 見ることはただちに信じることを伴なう）をより強く表すのに対して，動名詞は「より一般的に叙述する」（→ 見ることは一般に信じることにつながる）言いまわしになる．

例文　150　嘘をつくのは恥ずかしいことだ．

It is shameful to tell a lie.

Il est [C'est] honteux de dire un mensonge.

(補足)　"it（形式主語）＝to do" の展開も名詞用法の不定詞の代表的な形．⇨ 15—(1), (2)

(例文応用) この例を**形式主語を用いずに**書けば次のように書きかえられる.

□ **150**☆ 嘘をつくのは恥ずかしいことだ.

To tell a lie is shameful.

Dire un mensonge est honteux.

英語では5文型構成となる〈S＋V＋it＋形容詞＋to do ...〉(〈it〉〔形式目的語〕＝〈to do〉〔名詞的用法の不定詞〕) の形がよく用いられるが, 仏語ではそれを通例〈**que**〉**の節**を用いて表現する.

(例文) **151** 君の言うことはとても信じられない.

I find it impossible to believe you.

Je trouve que c'est impossible de te croire.

(例文応用) 〈it〉が**形式目的語でない**例なら次のような対応関係が成り立つ.

□ **151**☆ それは読みやすいと思う.

I find it easy to read.

Je le [la] trouve facile à lire.

43—(2)

英 形容詞用法の不定詞

前に置かれた名詞を修飾して「〜すべき」「〜するための」と訳されたり, あるいは前の名詞と同格的に使われて「〜するという」の意味を表す〈to do〉は形容詞用法の不定詞と呼ばれる. 仏語では多くの場合〈à＋*inf.*〉あるいは〈pour＋*inf.*〉の形がこれに対応する.

(例文) **152** 何か冷たい飲み物をください.

Please give me something cold to drink.

Donnez-moi quelque chose de frais à boire, s'il vous plaît.

(補足) 英語で〈something〉に形容詞〈cold〉と形容詞用法の不定詞〈to drink〉がかかるのと仏語も同じ展開になっている. ただし, 仏〈quelque chose〉に形容詞を添えるときには〈de ＋男性単数形〉の形で後置する．

(例文応用) この不定詞は次のように節で置きかえることもできる．

□ **152**☆　何か食べる物をください．

> **Please give me something (that) I can eat.**
>
> **Donnez-moi quelque chose que je peux manger, s'il vous plaît.**

(例文) **153**　出発の時間です．

> **It is time to set out.**
>
> **C'est l'heure de partir.**

(例文応用) この例は「時間」の具体的な内容を説明する展開（**同格**）になっているために，仏語では〈de＋*inf.*〉の形をとる．ただし，下記の英仏対応に注意．

□ **153**☆　時間は無駄にはできない．

> **We don't have any time to waste.**
>
> **On n'a pas de temps à perdre.**

(補足) 153☆ を直訳すると「無駄にするための時間を持っていない」の意味になり，「時間」に「〜するための（目的）」という意味で不定詞が用いられている．この場合，〈à＋*inf.*〉が使われる．

43—(3)

英 副詞用法の不定詞

原因・目的・結果あるいは判断の根拠等々，幅広いニュアンスを持つ副詞用法の不定詞を，以下，簡単に英仏対照してみたい．

(例文) **154**　あなたにお会いできてとても嬉しい．

> **I'm very glad to see [meet] you.**
>
> **Je suis très heureux(se) de vous voir.**

(補足) 「はじめまして」の意味．形容詞の内容を具体的に説明する「感情の原因」（〜して）を表す副詞用法の例．

(例文) **155** 私は日の出を見るために早起きした．

I got up early to [in order to, so as to] see the sunrise.
Je me suis levé(e) tôt pour [afin de] voir le lever du soleil.

(補足) 目的「～するために」を表している例．「目的」のニュアンスを明確に表すには 英〈in order to do / so as to do〉が使われる．⇨ 90

(例文) **156** 実を言うと，私は知らないのです．

To tell the truth, I don't know.
A vrai dire, je ne sais pas.

(補足) 独立不定詞（慣用句）の英仏対応例．なお，この言いまわし「実を言うと」は，相手の言葉を否定したり，言い訳をするために用いられるケースが多い．⇨ 例文 175

なお，ここで"英語の**動名詞**と仏語の対応関係"についても簡単に触れておきたい．

まず，英〈〔前置詞〕＋doing（動名詞）〉の展開は，仏語では不定詞の形で表されることが多い．

(例文) **157** 彼女はさようならも言わずに出ていった．

She went out without saying good-by(e).
Elle est sortie sans dire au revoir.

(例文) **158** 私は自炊には慣れている．

I am used [accustomed] to cooking my own food.
J'ai l'habitude de faire ma cuisine moi-même.

> **例文 159** 彼は試験の準備で忙しい．
>
> **He is busy preparing for an examination.**
> Il est occupé à préparer un examen.

> **例文 160** 彼は仕事をせずに一日中ぶらぶらしている．
>
> **Instead of working, he is idle all day long.**
> Au lieu de travailler, il reste à paresser toute la journée.

補足 英〈instead of〉，仏〈au lieu de〉は「～しないで，～する代わりに」の意味を表す成句．ただし，仏〈au lieu de〉の成句はやや硬い表現．

なお，英語で，目的語として不定詞を用いた場合と動名詞を用いた場合とでは意味の異なる動詞が少なくない．たとえば

- remember to do 「～することを覚えておく」
- remember doing 「～したことを覚えている」

- forget to do 「～することを忘れる」
- forget doing 「～したことを忘れる」 など．

これは，未来を指向する「不定詞」と過去を指向する「動名詞」の違いと説明できるが，仏語ではこれを以下のように表現する．

> **例文 161** 母は塩を買い忘れた．
>
> **My mother forgot to buy salt.**
> Ma mère a oublié d'acheter du sel.

語彙 仏〈oublier de + *inf.*〉「～するのを忘れる」．

> 例文 **162** 去年フランスに行ったときのことはけっして忘れないだろう．
>
> **I shall never forget visiting France last year.**
> **Je n'oublierai jamais ma visite en France (de) l'année dernière.**

補足　この例では仏語では名詞を用いる展開になる．ただし，主節と従属節の主語が違う場合には，仏〈oublier que＋〔直説法〕〉「〜であることを忘れる」を用いて時制の違いから「〜したことを忘れる」の表現を作ることもできる．たとえば，「私達が去年フランスに行ったときのことを私は決して忘れません」なら，〈Je n'oublie jamais que nous avons visité la France l'année dernière.〉と表現できる．

44 〜したらよいか / 〜すべきか

> 英 疑問詞＋**to do**
> 仏 疑問詞＋*inf.*

〈疑問詞＋to do〉の形は疑問詞を訳した後に，不定詞を訳して「〜したらよいか，すべきか」と和訳できる．

> 例文 **163** 私は何をしたらよいのかわからなかった．
>
> **I didn't know what to do.**
> **Je ne savais (pas) que faire [quoi faire].**

文法　仏語の"疑問詞〈qui, que, quoi, comment, *etc.*〉＋*inf.*"の形は通例話者の迷いを表す表現になる．

> 例文 **164** 彼にどう話したらよいだろうか．
>
> **I am wondering how to talk [speak] to him.**
> **Je me demande comment lui parler.**

45 親切にも〜する（してくれる）

> 英 **be kind enough to do**
> 仏 **avoir la bonté de+***inf.*

例文 165 この葉書をポストに入れてきてくれませんか？

Would you be kind enough to post this postcard?
Ayez la bonté de poster cette carte postale, s'il vous plaît.

補足 英〈be so kind as to do〉も用いることができる ⇨ 93．なお，165の仏語はかなりハイレベルな表現．日常の会話なら〈avoir la gentillesse de+*inf.*〉「親切にも〜してくれる」を用いて，〈Vous auriez la gentillesse de poster cette carte postale, s'il vous plaît?〉といった形が使われる．

英語で「親切にも〜する」の表現に〈have the kindness to do〉という形がある（会話ではほとんど用いられない）が，そのほかにも〈**have the＋抽象名詞＋to do**〉の形で展開するさまざまな表現がある．

例文 166 彼は幸運にも入学試験に受かった．

He had the good fortune to pass the entrance examination.
Il a eu le bonheur [la chance] d'être reçu au concours d'entrée.

補足 英〈have the good fortune to do〉「幸運にも〜する」は 仏〈avoir le bonheur [la chance] de+*inf.*〉に相当する．

例文 167 私はあなたに本当のことを言う勇気がなかった．

I didn't have the courage to tell you the truth.
Je n'ai pas eu le courage de vous dire la vérité.

補足 英〈have the courage to do〉「〜する勇気がある」（＝dare to do）は 仏〈avoir le courage de+*inf.*〉に相当する．

> 46 まさに〜しようとしている

46—(1)
英 be about to do / be on the point of doing
仏 être sur le point de+*inf.*

(例文) **168** ちょうど出かけようとしていたら，友人が訪ねてきた．

I was about to leave home [I was on the point of leaving home] when a friend of mine visited me.
J'étais sur le point de sortir quand un ami m'a rendu visite.

(語彙) 仏〈visiter〉は通例「(人を)訪れる」の意味では用いられない．〈rendre visite à *qn.*〉あるいは〈aller voir *qn.*〉を用いる．⇨ 例文 033☆

　また，英語の不定詞を用いた構文とは直接関連はないが，英語の現在進行形に対応する表現として一般に仏語では直説法現在形が使われるが (⇨ 例文 030)，「(まさに)〜している」の意味で，つまり進行中の動作であることをハッキリさせる意図で下記の不定詞を用いた成句も使われる．

46—(2)
英 be doing
仏 être en train de+*inf.*

(例文) **169** (今)何をしているの？

What are you doing?
Qu'est-ce que tu es en train de faire?

(例文応用) ただし，英語の**現在進行形の受動態**〈be＋being＋過去分詞〉に相当する形を仏語では次のように表現する点に注意．

☐ **169**☆　あのホテルは建築中だ．

That hotel is being built [constructed].

On est en train de construire cet hôtel.

(補足) この例文を仏語で〈Cet hôtel〉を主語にする文に書きかえる際には，英語の〈That hotel is under construction.〉に対応する表現・成句を用いて，たとえば〈Cet hôtel est en (cours de) construction.〉といった具合に言い表す．

---

47 〜する方がよい

英 **had better do**（原形不定詞）
仏 **faire**〔条件法〕**bien de**＋*inf.*

(例文) **170**　あなたは風邪気味なので遅くまで起きていない方がよい．

You had better not sit up till late, since you have a slight [a touch of a] cold.

Vous feriez bien de ne pas veiller très tard, puisque vous vous sentez un peu grippé(e).

(語彙) 仏 veiller tard：遅くまで起きている
　　 se sentir un peu grippé(e)＝être légèrement enrhumé(e)：風邪気味である． ⇨ 例文 145☆☆☆

(例文応用) 仏語で〈bien〉の優等比較級を使って〈**faire mieux de**＋*inf.*〉とすると「〜するのがよりよい」の意味になるが，これも 英〈had better do〉の形に呼応する．

☐ **170**☆　急いだほうがよいでしょう．

You had better hurry up.

Vous feriez mieux de vous dépêcher.

48 ～しさえすればよい

英 have only to do
仏 n'avoir qu'à ＋ *inf.*

例文 171 この機械を始動させるにはそのボタンを押すだけでよい．

To set the machine going, you have only to press this button.
Pour mettre cette machine en marche, vous n'avez qu'à appuyer sur ce bouton.

補足 英語は主節の部分を〈All you have to do is [to] press this button.〉と書くこともできる．また，仏〈il suffit de *qch*. [de＋*inf.* / que＋S＋V〔接続法〕]〉という展開もほぼ同意となるため，「ボタンを押すだけでよい」の部分を〈Il suffit d'appuyer sur ce bouton.〉とも書ける．

例文応用 171の例を仏〈il y a〉の構文とかみ合わせると「～するより仕方がない」(英〈There is nothing for it but to do〉) の意味を表す成句になる．

□ 171☆ 否応なしにしたがうしか仕方ない．

There is nothing for it but to obey willy-nilly.
Il n'y a qu'à obéir bon gré mal gré.

語彙 仏〈bon gré mal gré〉の成句は，「否でも応でも，好むと好まざるとにかかわらず」の意味．〈de gré ou de force〉とも表現できる．

49 A と～の関係がある

英 have ～ to do with A
仏 avoir ～ de rapport avec A

例文 172 君の発言はそのテーマとたいして関係がない．

Your remarks do not have much to do with the subject.

Vos paroles n'ont pas beaucoup de rapport avec le sujet.

英語で頻度の高い成句〈have～to do with A〉の"～"の位置には，〈something, anything, little, nothing〉などが置かれるが，仏語も，たとえば「～とほとんど関係がない」とするには〈avoir peu de rapport avec A〉の形を，「～と何ら関係ない」とするには〈n'avoir aucun rapport avec A〉あるいは〈n'avoir rien à voir avec A〉などが使われる（主として否定的なニュアンスで用いられる）．

例文 173 私はその事件とは何のかかわりもありません．

I have nothing to do with the event.

Je n'ai aucun rapport avec cet événement.

＝Je n'ai rien à voir avec cet événement.

語彙 événement 男 出来事，事件

出来事・事件の意味で，最も広い意味で使われる語．〈incident〉は「意外な出来事」の含み．〈accident〉は「人的・物的損害を伴う事故・災い」のこと．

50 ～は言うまでもなく

英 not to mention / not to speak of / to say nothing of
仏 sans parler de *qn.* / *qch.*

例文 174 彼は英語は言うまでもなく，フランス語も流暢に話す．

He can speak French fluently, not to mention English.

Il peut parler couramment le français, sans parler de l'anglais.

英語で不定詞が使われる成句（独立不定詞）には，すでに見た「**実を言うと（ありのままに言えば）**」（⇨ 156）がある．例を再度あげておく．

例文　175　実を言うと，彼女たちは双子の姉妹ではない．

To tell the truth, they are not twin sisters.

A vrai dire [Pour dire la vérité], elles ne sont pas sœurs jumelles.

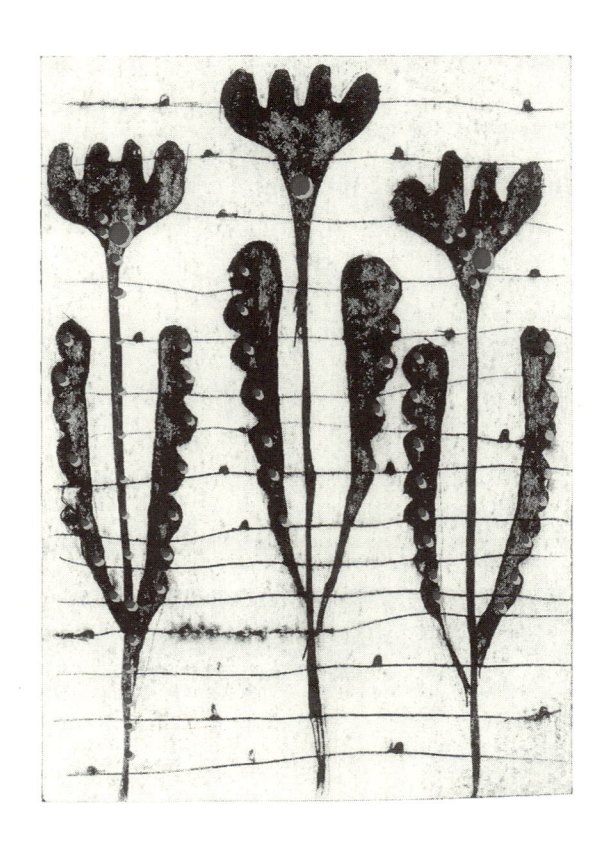

8 英仏「関係詞」の比較・対照

英仏の関係詞を具体例とともに見ていく前に，関係詞の基本的な英仏の対応を一覧にしておく．

◇ 英仏関係詞の基本対照 ◇

- **who / which / that**（主格として）→ **qui**
  - □ 行儀のよい少女
    - **a girl who is well-behaved**
    - **une fille qui est sage**
  - □ テーブルの上にあるコンピュータ
    - **the computer which [that] is on the table**
    - **l'ordinateur qui est sur la table**
- **whom / which / that**（直接目的格として）→ **que**
  - □ 私たちが尊敬している教師
    - **the teacher whom we respect**
    - **le professeur que nous respectons**
  - □ 私が昨日買った辞書
    - **the dictionary which [that] I bought yesterday**
    - **le dictionnaire que j'ai acheté hier**
- **of which / of whom / whose** → **dont**
  - □ 彼女が話をした（話題にした）人（男性）
    - **the man of whom she spoke**
    - **l'homme dont elle a parlé**
  - □ 彼が話をした（話題にした）映画
    - **the film of which he spoke**
    - **le film dont il a parlé**

□ 父親が医者をしている友だち
    a friend whose father is a doctor
    un ami dont le père est médecin
- 前置詞＋**whom**（先行詞は人）→ 前置詞＋**qui**
  □ 彼が話しかけた女性
    the woman to whom he talked
    la femme à qui il a parlé
- 前置詞＋**what** 等（先行詞は物）→ 前置詞＋**quoi**
  □ それが私の考えていることです．
    That is what I'm thinking of.
    C'est ce à quoi je pense.
- **where / when** → (**d' / par**) **où**
  □ 彼女が生まれた家
    the house where [in which] she was born
    la maison où [dans laquelle] elle est née
  □ 私があなた(方)と会った日
    the day when I met you
    le jour où je vous ai rencontré(e)(s)
- 前置詞＋**which** → **lequel**
  □ 私が散歩した公園
    the park in which I took a walk
    le parc dans lequel [où] je me suis promené(e)

英	(the reason) why	⇨	仏	la raison pour laquelle
英	the date when	⇨	仏	la date à laquelle
英	(the way) how	⇨	仏	la façon dont
				la manière dont

前文の内容（あるいはその一部を受ける）関係詞

英	…, which	⇨	仏	…, ce que [ce qui]

51 いわゆる A

51—(1)
英 what we call＋A
仏 ce qu'on appelle＋A

例文 176 彼はいわゆる時の人だ（目下注目の的となっている人）．

He is what we call the man of the moment.
Il est ce qu'on appelle l'homme du moment.

文法 英語では，〈what they [you, people] call〉〈what is called〉といった表現も使われる．また，仏語では〈ce qu'ils appellent〉といった言い方もできる．なお，この表現は挿入的な表現（副詞）ではないので，下記のようには用いられない．

(×) He is, what we call, the man of the moment.
(×) He is the man of the moment, what we call.
(×) Il est, ce qu'on appelle, l'homme du moment.

51—(1) と同じく関係詞 what を使った成句表現に「（そして）**その上**」⇔「**さらに悪いことには**」といった言いまわしがある．

51—(2)
英 (and) what is more ⇔ (and) what is worse
仏 (et) qui plus est ⇔ (et) qui pis est

例文 177 彼女は裕福だし，おまけに名門の出身だ．

She is well off, and what is more, she is of good birth.
Elle est riche, et qui plus est, de bonne famille.

> **例文 178**　あの男はケチで，さらに悪いことに意地が悪い．
>
> **That man is stingy, and what is worse, nasty.**
> **Cet homme est avare, et qui pis est, méchant.**

補足　これは2つの文の中間に置かれるが，後者，つまり「さらに悪い」の部分に力点が置かれる言いまわし．仏〈ce qui est pire〉という言い方もある．なお，単に2つの出来事を列記するケースでは〈(and) to make matters worse〉，仏〈pour comble de malheur〉「さらに悪いことが重なって」といった表現が使われる．

◇ 英語の what（関係代名詞）に対応する仏語表現 ◇

□ 美しいものを好きではないという人がいるだろうか？
　Who doesn't like what is beautiful?
　Qui n'aime pas ce qui est beau?

□ 彼女が言っていることは正しくない．
　What she says is not true.
　Ce qu'elle dit n'est pas vrai.

□ 考えていることをどうぞおっしゃってください．
　Please tell me what you are thinking of.
　Dites-moi ce à quoi vous pensez, s'il vous plaît.

52　AとBの関係はCとDの関係に等しい

"A：B＝C：D"（比）を表す相関表現は英仏で以下の対応関係をとる．

> 英　**A is to B what [as] C is to D**
> 仏　**A est à B ce que C est à D**

例文 179 夫と妻の関係はコップと受け皿の関係に等しい．

A husband is to his wife what [as] a cup is to its saucer.
Un mari est à sa femme ce qu'une tasse est à sa soucoupe.

補足 この構文は〈what [as]〉(仏〈que〉) は関係代名詞．〈what [as]〉(仏〈ce que〉) で導かれた文が主節の be 動詞 (仏 être) の補語 (仏 属詞) になっている構造．ただし，仏語でこの構文はあまり用いられない．

53 それが〜する理由である

英 **That is why+S+V**
仏 **Voilà pourquoi+S+V**（直説法）

例文 180 彼が私を裏切った．そんなわけで私は彼と絶交した．

He betrayed me.　That is why I broke with him.
Il m'a trompé(e).　Voilà pourquoi j'ai rompu avec lui.

補足「理由」を表す表現に対して，「こんな風にして〜」と「方法」を説明するケースでは 英〈This is how ...〉に対して 仏〈Voilà [Voici] comment ...〉の展開が用いられる．

54 〜と同じ A

54—(1)
英 **the same+A〔名詞〕+as 〜 / the same+A+that 〜**
仏 **le [la] même+A〔名詞〕+que 〜**

前置詞の〈as〉あるいは関係詞〈as〉を使った「〜と同じような...」という表現（⇨ 181）は"同種類"を表す言い方．英語で関係詞〈that〉を用いると（⇨ 182）"同一物""〜と同一の..."を表す構文になる（ただし，この「同種数」と「同一物」の区別は厳密なものではなくなりつつある）．これを仏語ではどちらも〈que〉を用いて表現できる．

例文 181　兄〔弟〕は私と同じコンピュータを持っている．

My brother has got the same computer as mine.
＝**My brother has got the same computer as I have.**
Mon frère a le même ordinateur que moi.
＝Mon frère a le même ordinateur que j'ai.

例文 182　それは昨日あなたが見たのと同じ映画ですか？

Is it the same film that you saw yesterday?
Est-ce le même film que (celui que) vous avez vu hier？

〈as A is〉「ありのままに」（様態）を表現する場合（この表現は副詞扱いになる）は，以下の英仏対応になる．

54 —(2)
英　as＋S＋be 動詞
仏　tel que＋S＋être / comme＋S＋être

例文 183　君は物事をありのままに見なくてはならない．

You must see things as they are.
Tu dois voir les choses telles qu'elles sont [comme elles sont].

55 〜する人は誰でも

英語の複合関係詞〈whoever, whatever, *etc.*〉に対応する仏語の表現を見てゆく．ただし，英語の場合，複合関係代名詞〈whoever〉を名詞節として使えば「〜する人は誰でも」=〈anyone who ...〉と訳され，副詞節として用いれば譲歩を表す「たとえ誰が(を)〜としても」=〈no matter who ...〉の意味になる．ここでは前者の用法のみを扱い，後者は別途確認することにしたい．⇨ 88

英 whoever＋V ...
仏 n'importe qui＋V〔直説法〕/ quiconque＋V〔直説法〕

（例文）**184** 来る人は喜んで誰でも迎えます．

I will welcome whoever comes with pleasure.
Je recevrai avec plaisir n'importe qui [quiconque] viendra.

（補足）仏〈quiconque〉は普通，格調の高い文章（文語）で使われる関係代名詞．なお，この文章を英語の〈anyone [any person] who〉に書きかえる展開にすれば仏〈toute personne qui〉がそれに呼応する．

□ **184*** 来る人は誰でも喜んで迎えます．

I will welcome anyone [any person] who comes with pleasure.
Je recevrai avec plaisir toute personne qui viendra.

英語の〈whatever〉「何でも」=〈anything that〉に対応する形は，〈tout〉に関係代名詞をからめた下記のような表現．

（例文）**185** 何でも君の好きなことをしなさい．

Do whatever [anything that] you like.
Fais tout ce que tu veux.

（例文応用）185 は〈whatever〉が目的格として使われている例だが，**主格**になると仏語は〈tout ce qui〉の形になる．

☐ **185**☆　あらゆる良いことをしなければならない．

You must do whatever is good.
Vous devez faire tout ce qui est bon.

（例文応用）仏語の〈tout ce que / tout ce qui〉が英語の〈**all that**〉に該当するケースもある．

☐ **185**☆☆　彼は自分の所有するものをすべて彼女にあげるだろう．

He will give her all that he possesses.
Il lui donnera tout ce qu'il possède.

ほかに 仏〈n'importe＋疑問詞〉の形は，たとえば〈n'importe quand〉「（～するときは）**いつでも**」（英 whenever＝at any time that），〈n'importe où〉「（～する場所は）**どこでも**」（英 wherever＝at any place that）といった表現に対応する．

（例文）**186**　あなたは好きな場所どこへでも行ってよい．

You may go wherever you like.
Vous pouvez aller n'importe où vous voulez.

なお，英語の否定文中の語を先行詞とする関係代名詞〈**but**〉を用いた言いまわしは現在では使われない．たとえば，〈No rule without exception.〉「例外のない規則はない」に相当する文を〈There is no rule but has exceptions.〉といった表現にすると，たとえ英語が母語でも，まったく意味を理解できない人たちが少なくない．〈but〉を用いるなら，否定文の後に結果を導く副詞節がつながる展開（和訳するときには後ろから訳される）にして，次のように表現される．

（例文）**187**　例外のない規則はない．

There is no rule but it has exceptions.
Il n'y a aucune règle sans exception.

（補足）仏語では不定形容詞〈nul(le)〉を用いて〈Nulle règle n'est sans exception.〉と書くこともできる．

◇ 不定形容詞の英仏対照 ◇

- **some**「いくつか；若干の」⇨ **quelque(s)**
  - □ いくらかお金をお持ちですか？

    Have you some money?

    Avez-vous quelque argent ?

  補足 仏〈Avez-vous de l'argent ?〉に相当する英語は〈Do you have any money ?〉の形.

- **several**「数個（数人）の」⇨ **plusieurs**
  - □ この部屋で数人の人たちが暮らしている．

    Several people live in this room.

    Plusieurs personnes vivent dans cette pièce.

- **each**「各々の」⇨ **chaque**
  - □ 道の両側に家が立ち並んでいる．

    There are some houses on each side of the street.

    Il y a des maisons de chaque côté de la rue.

  補足 仏〈chaque〉が 英〈every〉に相当するケースもある．
  - □ 両親は日曜日ごとに教会に行く．

    My parents go to [attend] church every Sunday.

    Mes parents vont à l'église chaque dimanche.

- **every (any) / all**「すべての」⇨ **tout(e), tous, toutes** ⇨ pp. 8–9
- **no**「誰も，何も～ない」⇨ **aucun(e) / nul(le)**
  - □ 完全な人など誰もいない．

    No man is perfect.

    Aucun [Nul] homme n'est parfait.

また，〈Not a day passes but she calls me.〉といった表現（参考書類によく載っている例文）ならば，関係副詞〈when〉を用いて，以下のように表現しないと理解されない．

例文 **188**　彼女が私に電話をくれない日は1日としてない．

Not a day passes when she doesn't call me.

Il ne se passe pas un jour sans qu'elle (ne) me téléphone.

補足　囡〈Not a day passes without her calling me.〉と表現することもできる．

9 英仏「時間」（限定［条件］を含む）構文の比較・対照

> 56 〜するとすぐに

56 —(1)
英 As soon as [The moment / The instant]＋S＋V …
仏 Aussitôt que [Dès que]＋S＋V〔直説法〕…

(例文) **189** 彼女は大学を卒業するとすぐに社長秘書になった．

As soon as [The moment] she graduated from college, she became a secretary to the president.
Aussitôt qu'[Dès qu']elle a eu quitté l'université, elle est devenue secrétaire du P.-D.G.

(補足) この構文中では「前過去」（1回限りの動作の完了を示す時制）〈aussitôt qu'elle eut quitté …〉が使われ，主節には「単純過去」〈elle devint …〉が使われる展開が正式の形だが，口語では上記のように"「重複合過去（複複合過去）」と「複合過去」"の時制が使われる．⇨ 姉妹編『ケータイ万能』p. 195

(例文応用) 仏語では「〜するとすぐに」の部分に未来の事項を表すケースでは**単純未来形を使うことができる**（英語は時や条件を表す副詞節では未来時制は用いられない）．⇨ 例文 046

☐ **189**☆ 彼が着いたらすぐに知らせてください．

Please let me know as soon as [the moment] he arrives.
Avertissez-moi aussitôt qu'[dès qu']il arrivera, s.v.p.

(補足) 上記の例文を仏語で名詞を使って，〈Avertissez-moi dès son arrivée.〉と書くこともできる．この〈dès〉は前置詞．英語に置きかえると〈on his arrival〉がこれに相当する形．

例文 190 できるだけ早くここへ来てください.

Come here as soon as possible [you can].
Venez ici aussitôt que possible [le plus tôt possible].

語彙 英語の「できるだけ早く」〈as soon as possible [one can]〉に対応する仏語は〈aussitôt que possible〉〈le plus tôt possible〉あるいは〈dès que possible〉など.

相関句を使って「〜するとすぐに」を表す次のパターン（英語では過去完了〈had＋過去分詞 (pp.)〉が使われる展開で，主に書き言葉として使われる）は，仏語では〈à peine〉を用いて表現される.

56—(2)
英 S had＋hardly [scarcely]＋p.p.＋when [before]＋S＋V〔過去〕
　　S had＋no sooner＋p.p.＋than＋S＋V〔過去〕
仏 S＋à peine＋〔大過去〕＋que＋S＋V〔複合過去〕

例文 191 彼は帰宅してすぐにまた出掛けなくてはならなかった.

He had hardly [scarcely / no sooner] got in when [before / than] he had to go out again.
Il était à peine rentré qu'il a dû ressortir.

補足 仏語が 189 と同じく「前過去」と「単純過去」の組み合わせで書かれる場合もある. ⇨ 191☆

例文応用 56—(2) は英仏とも主語・動詞を倒置した形で書くことも多い.

☐ **191☆** 彼は帰宅してすぐにまた出掛けなくてはならなかった.

Hardly [Scarcely / No sooner] had he got in when [before / than] he had to go out again.
A peine était-il rentré qu'il a dû ressortir.
　＝**A peine fut-il rentré qu'il dut ressortir.**

57 〜する限りは

57—(1)
英 as long as＝while
仏 tant que＋S＋V〔直説法〕
　＝aussi longtemps que＋S＋V〔直説法〕

例文 192 私が生きている限りあなたの親切はけっして忘れません．

I will never forget your kindness as long as [while] I live.
Tant que [Aussi longtemps que] je vivrai [je serai en vie], je n'oublierai jamais votre gentillesse.

補足 これは 英〈while〉が「譲歩・対照」の意味になる例．

「〜なのに，だが一方」の意味で〈while〉が使われるケースであれば，仏語の〈tandis que〉に呼応する．

例文 193 私は働いていたのに，妻はパチンコをしていた．

While I was working, my wife was playing pachinko.
Tandis que je travaillais, ma femme jouait au pachinko.

補足 「私が働いている間」と考えれば 仏〈Pendant que je travaillais〉に置きかえられる．

〈as long as〉は 192 の例文のように「〜する限りは」の意味で用いるとともに，「〜しさえすれば」（＝if only）という**条件**の意味でも使われる（条件の意味では〈so long as〉の形もよく用いられる）．これに対応する仏語の接続詞句は〈pourvu que〉．

57 —(2)
英 as long as, so long as＝if only / provided
仏 pourvu que＋S＋V〔接続法〕

例文 194　私の邪魔さえしなければ君は何をしてもかまわない．

Do what you like, as [so] long as you leave me alone.
Fais tout ce que tu veux, pourvu que tu me laisses tranquille.

英語で「〜の限りでは」の意味で**程度の限界**を表す場合には〈as [so] far as〉が使われるが（〈as[so] long as〉と混同されやすいので注意），仏語では接続詞句〈(pour) autant que〉がこれに呼応する．

57 —(3)
英 as [so] far as
仏 (pour) autant que＋S＋V〔接続法〕

例文 195　私の知る限り彼はいまだに行方不明です．

As [So] far as I know, he is still missing.
(Pour) Autant que je sache, il est toujours porté disparu.

語彙　仏〈être porté disparu〉で「行方不明（あるいは死亡）と判定されている」の意味．

例文応用　「私の知る限り」は 英〈To (the best of) my knowledge〉とも表現できる．仏〈à ma connaissance〉が類似表現．⇨ 例文 255

□ **195**☆　私の知る限り彼女はフランス語をよく知っている．

To (the best of) my knowledge, she understands French well.
A ma connaissance, elle comprend bien le français.

⑩ 英仏「否定」構文の比較・対照

◇ 否定の基本展開（英仏対照）◇

- not → ne ... pas
  - □ どうして昨日学校に来なかったの？
    - **Why didn't you come to school yesterday?**
    - **Pourquoi n'es-tu pas venu(e) à l'école hier?**
- not ... at all → ne ... pas du tout / ne ... point (du tout)
  - □ 兄〔弟〕は全然本を読まない．
    - **My brother does not read at all.**
    - **Mon frère ne lit pas du tout [point (du tout)].**
- not ... any more / no longer → ne ... plus
  - □ 私はもう彼女には会いたくない．
    - **I don't want to see her any more.**
    - **Je ne veux plus la voir.**
  - □ 彼らはもはやここでは働いていない．
    - **They are no longer working here.**
    - **Ils ne travaillent plus ici.**
- never → ne ... jamais
  - □ 私は彼のことをけっして忘れない．
    - **I never forget him.**
    - **Je ne l'oublie jamais.**
- neither ... nor → ne ... ni ... ni
  - □ 彼には妻も子供もいない．
    - **He has neither wife nor child.**
    - **Il n'a ni femme ni enfant.**

- only → ne ... que〔限定表現〕
  - □ あなたは彼に一度しか会ったことがないのですか？

  Have you only seen him once?
  Est-ce que vous ne l'avez vu qu'une fois?

58 すべてが〜とは限らない（というわけではない）

　一部を肯定し，一部を否定する表現は部分否定と呼ばれるが，その考え方は英仏ともに似ている．「いつも・すべて」など全体を包括する表現に否定が添えられると部分否定のニュアンスになる．以下，2つ典型的な例を見ておきたい．

| 英 **not always**　いつも〜とは限らない |
| 仏 **ne ... pas toujours** |
| 英 **not all**　すべてが〜とは限らない |
| 仏 **ne ... pas tout** |

(例文) **196**　金持ちがいつも幸福とは限らない．

The rich are not always happy.
Les riches ne sont pas toujours heureux.

(語彙)　英語で〈the＋形容詞〉で「〜な人々」の意味になるように（上記の例ならば〈the rich〉=〈the rich people〉），仏語でも〈定冠詞複数＋形容詞複数〉で「〜な人々」を表現できる．

(例文) **197**　(諺) 光るものすべてが金とは限らない．

All that glitters is not gold.
Tout ce qui brille n'est pas (d')or.

補足 〈all ... not〉の語順は，通例，全部否定だが，この諺の場合は部分否定のニュアンスを表している．なお，英語では関係詞を後ろに置いた〈All is not gold that glitters.〉の語順も可．

59 A ではなく（むしろ）B である

英 **not A but B**
仏 **ne pas A mais B**

例文 **198** これは青ではなく，緑だ．

This is not blue, but green.
Ce n'est pas bleu, mais vert.

補足 英語で B の部分を強調して，「たしかに B である」としたい場合に〈not A but definitely B〉とすることがある．同様の強調を仏語では〈ne ... pas A mais bien B〉と表現する．

A と B の語順をひっくり返した，英〈B, not A〉，仏〈B, non (pas) A〉のパターンも使われる．

例文 **199** 彼女はパリの出身ではなくロンドンの出です．

She comes from London, (and) not from Paris.
Elle vient de Londres, (et) non (pas) de Paris.

60 A だけでなく B もまた

英 **not only A but [also] B**
仏 **non [ne pas] seulement A mais [aussi, encore] B**

例文 **200** 彼は財産ばかりでなく友人も失った．

He lost not only his fortune but also his friends.

Il a perdu non seulement sa fortune, mais aussi ses amis.

英語で〈not only〉を文頭に置くと**倒置構文**（否定や限定の表現が文頭のとき）が使われるが，仏語は倒置されない．

例文 **201** 暗いだけでなく，霧もでていた．

Not only was it dark, but it was also foggy.

Non seulement il faisait noir, mais il y avait du brouillard.

補足 英語では上記の相関句の語順を変えて〈B as well as A〉と書きかえることもできる．この成句に相当する仏語は，〈aussi bien que〉あるいは〈tout comme〉といった言いまわしになる．

61 A だからといって B ということにはならない

英 not B (just) because A / (Just) because A, not B
仏 Ce n'est pas parce que A que B

例文 **202** 今晴れているからといって 1 時間後に雨にならないとは限らない．

Just because it is fine now, it doesn't mean it won't rain in an hour.

Ce n'est pas parce qu'il fait beau maintenant qu'il ne pleuvra pas dans une heure.

> 62 あまり〜なので...できない ⇨ 95

62—(1)
英 too 〜 to do ...
仏 trop 〜 pour+*inf.* ...

例文 203 私たちは疲れすぎていてもう歩けない．

We are too tired to walk any longer.
Nous sommes trop fatigué(e)s pour marcher plus longtemps.

補足「これ以上歩くには疲れすぎている」と訳すこともできる．

例文応用 ただし，下記のように不定詞の**意味上の主語**が置かれた表現では仏語の語順が英語とは異なる点に注意．

□ **203**☆ このコーヒーは熱すぎて私には飲めない．

This coffee is too hot for me to drink.
Ce café est trop chaud à boire pour moi.

補足 不定詞の意味上の主語が英語では〈for me〉と表されるのに対して，仏語では〈pour moi〉となる点（あわせてその置き位置）に注意．あわせて仏語の不定詞〈boire〉を〈à〉で導く展開になる．なお，仏語を〈Ce café est trop chaud pour que je puisse le boire.〉と書くこともできる．⇨ 例文 277

上記の構文を**節を使って書きかえる**と，英語では〈so 〜 that+S+cannot do ...〉が使われる．これを仏語では，たとえば，〈si 〜 que+S+ne+pouvoir〔直説法〕+pas ...〉という形で表現する．

例文 204 その駅は遠いので歩いてはいけません．

The station is so far that you cannot walk there.
La gare est si loin que vous ne pouvez pas y aller à pied.

(補足) 「あなたが歩いていくにはあの駅は遠すぎる」と訳すこともできる．なお，英語の〈so ~ that ...〉「とても~なので...」（あるいは〈such ~ that ...〉）に対応する形については 94 も参照のこと．

「(A が)~するのに十分...」の意味を表す〈... enough [for+A] to do〉に対応するのは，仏語の〈assez (de)... pour+*inf.* [pour que+A+V〔接続法〕]〉の構文．

62 —(2)
英 〔形容詞・副詞〕+enough〔+名詞〕[for+A] to do
仏 assez (de)+〔形容詞・副詞〕+pour+*inf.* [pour que+A+V〔接続法〕]

(例文) 205 その町はあなたが歩いて行けるほど近い（近いから歩いて行ける）．

The city is near enough for you to walk there.
La ville est assez proche pour que vous puissiez y aller à pied.

(例文応用) この文を否定すると英仏ともに「~するほど...ではない」の意味になる．

□ 205☆ 私はこんな噂を信じるほど馬鹿ではない．

I am not foolish enough to believe this rumour.
＝**I am not so foolish as to believe this rumour.**
Je ne suis pas assez sot (sotte) pour croire cette rumeur.

63 いくら（どんなに）~してもしすぎではない

英 cannot be too+〔形容詞〕
仏 ne (pas) savoir〔条件法〕trop+*inf.*

例文 206　車を運転するときにどんなに注意してもしすぎではない.

We cannot be too careful when we drive a car [in driving a car].

On ne saurait trop faire attention quand on conduit une voiture [en conduisant une voiture].

補足　この例では，英語で形容詞〈careful〉を使っているのに対して，仏〈faire attention〉と動詞句を使ってそのニュアンスを表している点に違いが認められる.

64　〜するときまって...

英　never [cannot] ... without doing
仏　ne jamais [pas] ... sans+*inf.*

例文 207　彼は散歩に出るときまってこの公園を通る.

He never goes [cannot go] for a walk without passing through this park.

Il ne va jamais [pas] en promenade sans passer par ce parc.

例文応用　この構文で英〈without doing〉の部分を節で書くと〈but+S+V〉となり，仏語は〈sans que+S+V〔接続法〕〉となる. ⇨例文 188

□ 207☆　パリが雨だときまってここも雨だ.

It never rains in Paris but it rains here.

Il ne pleut pas à Paris sans qu'il (ne) pleuve ici.

なお，207 の文章は〈whenever〉「〜するといつでも」を用いて**書きかえられる**（⇨ 084☆）．これを仏語にすると接続詞〈quand〉に導かれた文章に〈avoir l'habitude de ＋*inf.*〉「〜する習慣がある」が続く形や，副詞〈toujours〉を用い〈les jours où ...〉「〜の日には」が続く下記のような展開になる．

例文 208 父は教会にいくといつもこのレストランで食事をする．

Whenever my father goes to church, he eats at this restaurant.

Quand mon père va à l'église, il a l'habitude de manger dans ce restaurant.

＝**Mon père mange toujours dans ce restaurant les jours où il va à l'église.**

65 〜せずにはいられない

英 **cannot help＋doing / cannot but＋do**
仏 **ne (pas) pouvoir s'empêcher de＋*inf.***

〈cannot help＋doing〉は動名詞を用いた表現（この〈help〉は「〜を避ける」〈avoid〉，「〜を押さえる」〈resist〉のニュアンス）．〈cannot but＋do〉は原形不定詞を用いた表現で，〈but〉は「〜以外の」＝〈other than〉を表す語として使われる．⇨ 24 —(2)

例文 209 彼女は泣かずにはいられなかった．

She couldn't help crying.
＝**She couldn't but cry.**
Elle ne pouvait (pas) s'empêcher de pleurer.

66 〜することはできない

この表現はすでに見た 15—(1) の構文を使って，たとえば 英〈it is impossible [difficult] to do …〉，仏〈il est impossible [difficile] de+*inf.*〉とも表現できるが，ここでは英語の〈There is no+doing〔動名詞〕〉の展開に類した仏語表現との対比を考えたい．

> 英 **There is no+doing …**
> 仏 **Il n'y a pas moyen de+*inf.* [que+S+V（接続法）]**

例文 210 この男を満足させることはできない．

There is no satisfying [pleasing] this man.
Il n'y a pas moyen de satisfaire cet homme.

補足 仏語の口語では〈Il n'y a〉を省いた〈Pas moyen de+*inf.*〉の形も使われる．

67 〜しても無駄である

すでに見た 15—(1) の構文に「無駄な」の意味になる形容詞を用いて 英〈It is useless [fruitless] to do〉，仏〈Il est inutile de+*inf.*〉と表現しても「〜しても無駄だ」の意味を表せる．しかし，ここでは否定表現と絡んだ展開で「〜しても無駄である」の意味を表す以下の成句に着目したい．

> 英 **It is no use+doing / There is no use [good] (in) doing**
> 仏 **Il [Ça] ne sert à rien de+*inf.***

例文 211 泣いても無駄だ（泣いてもなんにもならない）．

It is no use crying.
＝**There is no use [good] (in) crying.**
Il [Ça] ne sert à rien de pleurer.

例文応用 仏語の成句に〈**avoir beau**＋*inf.*〉「いくら〜しても無駄である；〜したが無駄だった」の言いまわしがある（この〈beau〉は「素晴らしい」という意味の副詞が反語的なニュアンスで使われている例とされる）．これを英語ではたとえば〈in vain [vainly]〉といった語で置きかえられる．

□ **211**☆ あなたがいくら文句を言っても無駄だ，誰も聞いてくれない．

You try in vain [vainly] to protest, no one listens.
Vous avez beau protester, personne n'écoute.

補足 仏〈en vain〉「無駄である」を用いて〈Vous protestez en vain, personne n'écoute〉と表現することもできる．

68 〜するより仕方がない

英 **There is nothing for it but to do**
仏 **Il n'y a rien à**＋*inf.*＋**sauf …**
   Il ne reste plus qu'à＋*inf.*

例文 212 私の両親に謝るより仕方ない．

There is nothing for it but to apologize to my parents.
Il n'y a rien à faire sauf demander pardon à mes parents.
＝**Il ne reste plus qu'à demander pardon à mes parents.**

例文応用　英〈have no choice but to do ...〉, 仏〈ne pas avoir d'autre choix que de+*inf.*〉でも「〜するより仕方ない」の意味を表せる．

☐ **212**☆　私たちは彼女の言うことを信じるしかなかった．

We had no choice but to believe her.

Nous n'avons pas eu d'autre choix que de la croire.

69　〜は言うまでもない

英 **It goes without saying that+S+V**
仏 **Il va sans dire que+S+V〔直説法〕**

例文　**213**　彼が素晴らしいアスリートであることは言うまでもない．

It goes without saying that he is an excellent athlete.

Il va sans dire qu'il est un excellent athlète.

補足　仏〈Il va de soi que+S+V〔直説法〕〉「〜は当然である，言うまでもない」→「明らかである」のニュアンスを表すことから，〈Il est évident que+S+V〔直説法〕〉の類似表現とも考えられる．

11 英仏「比較」構文の比較・対照

> 70　A と同じくらい～

まず同等比較表現を英仏で比較・対照していく．

70—(1)
英 as ... as A
仏 aussi ... que A

例文 214　あなたはルイス〔ルイ〕と同じくらい背が高い．

You are as tall as Louis.

Tu es aussi grand(e) que Louis.

同等比較を否定すると「S は A ほど～ではない」となる（S＞A のニュアンス．「S は A と同じではない」S≠A の訳は不適当）．⇨ 姉妹編『ケータイ万能』p. 231

70—(2)
英 not as [so] ... as A
仏 ne pas aussi [si] ... que A

例文 215　私はあなたほど踊りがうまくない．

I don't dance as [so] well as you.

Je ne danse pas aussi [si] bien que vous.

例文応用　英〈A as well as B〉「B と同じく A も」の展開には，仏〈A, de même que B,〉の形が対応する．

□ **215**☆ 兄〔弟〕と同じくジョン〔ジャン〕は（仕事に）熱心だ．

John as well as his brother is diligent.

Jean, de même que son frère, est zélé.

語彙 仏語にも〈diligent(e)〉という形容詞はあるが少々古い言いまわしで，現在ではほとんど使われない．

名詞と**数量形容詞**が使われる「A と同じくらい」の表現．英語の〈as many [much] ... as〉には仏語〈autant de ... que〉が対応する．

70—(3)

英 **as many [much]＋名詞＋as A**

仏 **autant de＋名詞＋que A**

例文 216 彼は君と同じくらい本を持っている．

He has as many books as you.

Il a autant de livres que vous.

例文応用 名詞を使わない展開で，「〜と同数（同量）の」の意味を表すパターンならば，下記のような英仏対応になる．

□ **216**☆ 彼女はいつも好きなだけ食べる．

She always eats as much as she wants.

Elle mange toujours autant qu'elle veut.

---

71 A は B の〜倍の...

倍数表現を英仏で対照してみると下記のようになる．

英 **A＋V＋〜 times as ... as＋B**
　＝**A＋V＋〜 times＋比較級＋than＋B**

仏 **A＋V＋〜 fois plus ... que＋B**

例文 **217** この橋はあの橋の3倍長い．

This bridge is three times as long as [longer than] that one.
Ce pont(-ci) est trois fois plus long que celui-là.

例文応用　英語で「2倍」には（×）〈two times〉ではなく〈twice〉（仏 deux fois）が使われる．ちなみに「半分」には〈half〉（仏〈deux fois moins〉）が用いられる．

□ **217**☆　彼の家は私の家の倍の大きさだ．

His house is twice as large as [larger than] mine.
Sa maison est deux fois plus grande que la mienne.

72　A ほど～なものはない

英　Nothing＋V＋so [as] … as〔比較級＋than〕＋A
仏　Rien ne＋V＋plus … que＋A
　＝(Il n'y a) Rien de plus … que＋A

例文 **218**　時間ほど貴重なものはない．

Nothing is so precious as [more precious than] time.
Rien n'est plus [si] précieux que le temps.
＝(Il n'y a) Rien de plus [si] précieux que le temps.

例文応用　これは比較級・最上級を用いてそれぞれ次のように書きかえられる．

□ **218**☆　時間はほかのどんなものよりも貴重だ．

Time is more precious than any other thing.
Le temps est plus précieux que n'importe quelle autre chose.

□ **218**☆☆　時間は（あらゆるもののなかで）最も貴重だ．

Time is the most precious thing (of all things).

Le temps est la chose la plus précieuse de toutes.

＝Le temps est la plus précieuse de toutes les choses.

英語の〈**No**＋名詞…〉という展開であれば，仏語〈**Aucun(e)**＋名詞＋ne…〉がそれに呼応する．⇨ 例文 224☆

(例文) **219**　京都ほど美しい都市はない．

No city is so beautiful as Kyoto.

Aucune cité n'est aussi [si] belle que Kyoto.

(補足) この文章も 218 と同じく比較級・最上級で置きかえられる．

---

73 **A よりもむしろ B である**

[英] **not so much A as B＝not A so much as B** ⇨ 57 ―(2)
　　＝**B rather 〔rather B〕 than A**
　　＝**more (of) B than A**
[仏] **plutôt B que A**

(例文) **220**　彼は役者というよりもむしろ歌手だ．

He is not so much as an actor as a singer.
　＝**He is a singer rather [rather a singer] than an actor.**
　＝**He is more (of) a singer than an actor.**
Il est plutôt chanteur qu'acteur.
　＝Il est plus chanteur qu'acteur.

このA, Bを「AするよりもむしろBする」という**動詞**を用いた例で英仏を対照すると次のようになる．

例文 221 私は勉強するよりもむしろテレビを見るだろう．

I will watch television rather than study [studying].
Plutôt qu'[que d']étudier je regarderai la télévision.

補足 仏語では〈plutôt que〉を文頭に持ってくる形が自然．

74 AはBより〜である / AはBほど〜ない

まず，優等比較の形を英仏で比べて見ていきたい．

74 — (1)
英 **A＋V＋比較級 than B**
仏 **A＋V＋plus … que B**

例文 222 ヘンリー〔アンリ〕はマーガレット〔マルグリット〕より背が高い．

Henry is taller than Margaret.
Henri est plus grand que Marguerite.

例文応用 比較級を強調するために英語では〈much〉〈far〉などが使われるが，仏語では一般に〈beaucoup〉あるいは〈bien〉が使われる．

☐ **222**☆ 彼は彼女よりもずっと真面目だ．

He is much [far] more serious than she.
Il est beaucoup [bien] plus sérieux qu'elle.

優等比較級をベースにたとえば，「AはBよりも〜歳年長だ」と**差**を表す表現をプラスすると以下のような英仏対応となる．

例文 223 彼女はピーター〔ピエール〕よりも5歳年長だ．

She is older than Peter by five years.
＝She is five years older than Peter.
Elle est de cinq ans plus âgée que Pierre.

語彙 英〈by〉は「～だけ」の差を表す前置詞．仏語では〈de〉を用いる．

218☆ でも触れているが，「（ほかの）**どんな A よりも...だ**」〈比較級＋than any other＋A（単数名詞）〉の言いまわしは次のような英仏対応となる．

例文 224 彼は（ほかの）どんな人よりも器用だ．

He is more skillful than any other man.
Il est plus habile que n'importe quel autre homme.

補足 仏〈n'importe＋疑問詞〉の表現については 55 を参照のこと．

例文応用 224 をすでに見たように（⇒ 218），**同等比較・最上級**で書きかえれば下記のようになる．

□ **224☆** 彼ほど器用な人はいない．

No man is so skillful as he [him].
Aucun homme n'est aussi [si] habile que lui.

□ **224☆☆** 彼が一番器用だ．

He is the most skillful of all.
Il est le plus habile (de tous).

劣等比較「A は B ほど～ではない」を英仏対照すると次のようになる．

74—(2)
英 A＋V＋less ... than＋B
仏 A＋V＋moins ... que＋B

例文 225　この本はあの本ほど大判ではない.

This book is less large than that (one).
Ce livre-ci est moins grand que celui-là.

補足　一般に，英語では〈This book is not so [as] large as that.〉と原級を否定した形の方が好まれる.

この劣等比較の文章を否定にすると「**A は B に劣らず〜である**（A は B と同じく〜）」の意味になる.

例文 226　彼女は姉〔妹〕に劣らず献身的だ.

She is no less devoted than her sister.
Elle n'est pas moins dévouée que sa sœur.

また，形容詞を比較する展開〈less A than B〉「**A というよりも（むしろ）B である**」（＝not so much A as B）の文章を英仏ともに作ることもできる.

例文 227　私は疲れているというよりむしろ眠い.

I'm less tired than sleepy.
Je suis moins fatigué(e) que somnolent(e).

これをすでに見た〈**more B than A**〉（＝B rather than A）（⇨ 73）の構文に対応させると，たとえば，仏語の優等比較を使う表現と重なることになる.

例文 228　彼は意地悪というより愚かだ.

He is more stupid than malicious.
　＝He is stupid rather than malicious.
Il est plus bête que méchant.

補足 仏〈Il est plutôt bête que méchant.〉とも書ける．また，〈ne pas A, mais plutôt B〉とする相関句を用いて，〈Il n'est pas méchant, mais [bien] plutôt bête.〉と書きかえることもできる．⇨ 例文 220

---

75 （S が）〜すればするほど，ますます（S は）…する

75—(1)
英 The 比較級〜＋S＋V, the 比較級 …＋S＋V
仏 Plus [moins]＋S＋V〜, plus [moins]＋S＋V …

例文 229 あなたが一生懸命に働けば働くほど，ますますお金が稼げる．

The harder you work, the more you can earn.
Plus vous travaillez dur, plus vous pouvez gagner de l'argent.

補足 英語の語順につられて，仏語を（×）〈Plus dur vous travaillez, …〉と形容詞や副詞などを前に持ってこないこと．

諺などでは上記の構文で主語と動詞が**省略される**ケースが多い．なお，75 の日本語に相当する英仏の文章がすべて 229 と**同じ構文をとるわけではない**．

例文 230 （諺）早ければ早いほどよい．

The sooner the better.
Le plus tôt sera le mieux.

補足 仏語でこの諺は「最も早いことが最上であろう」という最上級を用いた表現で言い表される．

英語で〈比較級＋and＋比較級〉の表現は「**ますます〜する（しない）**」の意味になる．それに呼応する仏語は〈de plus en plus〉〈de moins en moins〉といった形．

75—(2)
> 英 比較級 and 比較級 / more and more＋原級 / less and less＋原級
> 仏 de plus en plus ～ / de moins en moins ～

例文 231　ますます（だんだん）寒くなる．

It get colder and colder.
Il fait de plus en plus froid.

例文 232　状況はますます悪化している．

The situation is going worse and worse.
La situation va de plus en plus mal.

補足　英語で「〔事態が〕ますます悪くなる」の意味で〈from bad to worse〉の表現も使われる．これに対応する仏語は〈de mal en pis〉の形．なお〈pis〉は〈mal〉の比較級だが現用では成句的な表現でのみ使われる．

76 〜ためにますます（だからいっそう）…

〈all the 比較級 〜 for＋名詞 [because＋S＋V]〉の構文は「〜のためにますます」の意味を表す（〈all〉は意味を強めるためのもので省略されることがある）．この英語に対応する仏語は下記の展開．

> 英 all the 比較級 〜 for＋名詞 [because＋S＋V] …
> 仏 〜 d'autant plus [moins] que …

例文 233　彼が慈善家であるだけにますます私は彼を信用する．

I believe him all the more because he is a charitable person.
Je le crois d'autant plus qu'il est homme de bien.

補足 仏〈d'autant que〉には〈parce que〉(英〈because〉) の意味が含まれている．

232 の例は，従属節が「〜なのでますます」と理由を導く形になっているが，この構文を使った英語の典型的な例文「彼女には欠点があるだけにかえって私は彼女が好きだ」といった作文の際（つまり，従属節が「**マイナスに作用するものがあるのにかえって...**」といった譲歩の含意で展開する場合）には，仏語では次のようにいささか工夫を凝らす必要がある．

例文 234 彼女には欠点があるだけにかえって私は彼女が好きだ．

I like her all the better for her faults [because she has faults].
Ses défauts me la rendent d'autant plus chère.

補足 仏語では（直訳）「彼女の欠点が私にとってますます彼女を価値ある者にする」という流れで考える．

77 S は最も〜である

最上級の形を英仏比較・対照していく．

> 英 S＋V＋the＋最上級 〜 of [in] ...
> 仏 S＋V＋le [la, les]＋plus [moins] 〜 de ...

例文 235 彼女は友だちのなかで一番勉強だ．

She is the most studious of my friends.
Elle est la plus studieuse de mes amis.

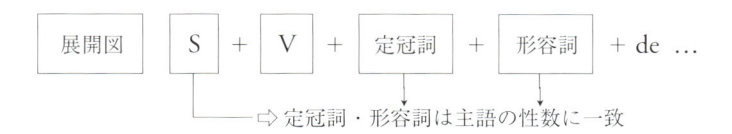

展開図　S ＋ V ＋ 定冠詞 ＋ 形容詞 ＋ de ...
　　　　└─────────⇨ 定冠詞・形容詞は主語の性数に一致

(例文応用) 仏語で最上級に副詞が使われる場合「定冠詞」は常に〈le〉になる（副詞は形容詞のような性数変化がないため）. あわせて, 最上級は,〈C'est ... qui〉の**強調構文**（⇨ 20）とともに用いられるケースが多い.

☐ **235**☆　彼女が一番歩くのが速い.

She walks fastest.

C'est elle qui marche le plus vite.

(補足) ネィティヴ感覚では, 英語と同じ囚〈Elle marche le plus vite.〉の語順はほとんど用いられない.

劣等最上級を英仏対照すると以下のようになる.

(例文) **236**　彼らはこのクラスで最も勤勉でない生徒たちだ.

They are the least industrious pupils in this class.

Ils sont les élèves les moins appliqués de cette classe.

(補足) 仏語を英語の語順のように（×）〈les moins appliqués élèves〉と並べることはできない（仏語の形容詞は名詞の後に置かれるのが原則）. また, 定冠詞〈les〉が2度使われる点にも注意したい.

　なお, 英語の最上級に**所有格**が使われるケースがあるように, 仏語でも**所有形容詞**を用いるケースがある.

(例文) **237**　これが僕の持っている一番きれいなネクタイです.

This is my most beautiful tie [necktie].

C'est ma plus belle cravate.

(例文応用) 二者間の最上級「2人（つ）のうちの〜の方」という表現は英語では〈the＋比較級＋of the two ...〉の形が使われるが, 仏語では以下のように最上級で対応する.

☐ **237**☆　ポールは兄弟二人のうち背が高い方だ.

Paul is the taller of the two brothers.

Paul est le plus grand des deux frères.

比較構文チェックの最後に，仏語の優等比較級・最上級が英語と同じように特殊形を持つ例をいくつか見ておきたい．

◇ **特殊な優等比較級・優等最上級** ◇
形容詞

	英語			仏語	
good	better	best	**bon**	meilleur	le meilleur
bad	worse	worst	**mauvais**	plus mauvais	le plus mauvais
				pire	le pire

副詞

	英語			仏語	
well	better	best	**bien**	mieux	le mieux
badly	worse	worst	**mal**	plus mal	le plus mal
				pis	le pis
much	more	most	**beaucoup**	plus	le plus
little	less	least	**peu**	moins	le moins

補足　〈plus mauvais〉〈plus mal〉の形が具体的な事項を表す表現であるのに対して，通常，〈pire / le pire〉〈pis / le pis〉の形は成句的な表現（抽象的な事項）で使われる．⇨ 例文 232

12 英仏「条件・仮定」構文の比較・対照

> 78 〜しなさい，そうすれば...

78—(1)
- 英 命令文, and you will do ...
- 仏 命令文, et vous [tu]＋V〔直説法単純未来（近接未来）〕

例文 **238** この薬を飲みなさい，そうすれば治りますよ．

Take this medicine, and you will be cured [get well].

Prenez ce médicament, et vous serez guéri [guérirez].

78—(1) と対照的な意味になる相関句「〜しなさい，**さもないと**...」は，下記の言いまわしで英仏を対照できる．

78—(2)
- 英 命令文, or you will do ...
- 仏 命令文, sinon vous [tu]＋V〔直説法単純未来（近接未来）〕

例文 **239** 急ぎなさい，さもないと始発のバスに乗り遅れます．

Hurry up, or you will miss the first bus.

Dépêchez-vous, sinon vous manquerez le premier (auto)bus.

例文応用 英〈命令文, **otherwise** ... 〉，仏〈命令文, **autrement** ... 〉の展開も同じ．また，〈命令文, sans cela [ça, quoi] ... 〉という仏語を用いても同意になる．

☐ **239**☆ 急いで，さもないと電車に遅れるよ．

Hurry up, otherwise you will miss the train.

Dépêche-toi, autrement [sans cela] tu manqueras le train.

(例文応用) 英語の接続詞〈or〉はおおざっぱに言って，上記のように 仏〈sinon〉に対応するケースと，下記のように 仏〈ou〉「あるいは」に対応するケースがある．

☐ **239**☆☆ コーヒーにしますかそれとも紅茶にしますか？

Would you like coffee or tea ?

Est-ce que vous voulez du café ou du thé ?

---

79 もし〜ならば，...するのだが（仮定法過去・条件法現在）

英 If+S+V〔過去〕〜, S+ { would / could / might } +do ...

仏 Si+S+V〔直説法半過去〕〜, S+V〔条件法現在〕...

「現在の事実に反する仮定」を表すために英語では仮定法過去の時制が用いられ，仏語では条件法現在が使われる．

(例文) 240 もし私があなたの立場ならば，その申し出は断るのに．

If I were in your position, I would refuse this proposal.

Si j'étais à votre place, je refuserais cette proposition.

(補足) 英〈if I were you〉あるいは〈In your place〉, 仏〈A votre place〉でも「もし私があなた（の立場）ならば」の意味を表せる．⇨ 例文246

(例文応用) 「〜なら，...だろう」という**単なる条件**（未来のことを仮定する文で，条件が満たされれば実現可能な事柄）を表す場合には次の英仏対応となる．

☐ **240**☆　もし明日晴れていたら，私たちは出発するだろう．

If it is fine tomorrow, we will leave.

S'il fait beau demain, nous partirons.

| 展開図 | Si | S＋V〔現在〕 | ～, | S＋V〔単純未来〕 | … |

(例文応用)　また「～でない限りは（もし～でなければ）」の意味を表す 英〈unless〉に相当する仏語は〈à moins que＋S＋(ne)＋V〔接続法〕〉の構文（虚辞の〈ne〉が使われることが多い）が用いられる．

☐ **240**☆☆　もし明日雪が降らなければ出発します．

We will leave unless it snows tomorrow.

On partira à moins qu'il (ne) neige demain.

◇ 仏語の"虚辞の〈ne〉"◇

仏語で従属節のなかで明確な否定ではなく，心理的な否定の意味が含まれている場合に虚辞の〈ne〉が使われる（ただし省略することもできる）．一部の接続法の表現とともに用いられるケースと比較（不平等の含意）で用いるケースとがある．

● 接続法の表現に伴うケース

　☐ 彼が遅れてやって来るのではないかと心配だ．

　　I fear [I'm afraid] that he may arrive late.

　　Je crains qu'il n'arrive en retard.

　☐ 私は彼女は来ると信じている．

　　I don't doubt that she will come.

　　Je ne doute pas qu'elle ne vienne.

● 比較の従属節に用いられるケース

　☐ 彼はあなたが思っているよりもずっと金持ちだ．

　　He is much richer than you think him to be.

　　Il est beaucoup plus riche que vous ne pensez.

> **80** もし〜だったら，...だったのに（仮定法過去完了・条件法過去）

> 英 If+S+had+p.p.〔過去完了〕, S+ $\begin{Bmatrix} \text{would} \\ \text{could} \\ \text{might} \end{Bmatrix}$ +have+p.p...
>
> 仏 Si+S+V〔直説法大過去〕〜, S+V〔条件法過去〕...

「過去の事実に反する仮定」を表すために英語では仮定法過去完了の時制が用いられ，それに相当する仏語として上記のパターンが使われる．

例文 **241** もし彼に十分お金があったら，あの家を買っていただろうに．

If he had had enough money, he would have bought that house.
S'il avait eu assez d'argent, il aurait acheté cette maison.

なお，「もし(**過去**に)〜していたら，(**現在**は)...なのに」という具合に時制が混交しているケースでは，従属節〈if 節〉〈si 節〉には英語では仮定法過去完了（仏 直説法大過去）を，主節には仮定法過去（仏 条件法現在）を用いる（79 80 とを混ぜ合わせた文章）．⇨ 姉妹編『ケータイ万能』p. 177, p. 228

例文 **242** もしあの馬に賭けていたら，いまはもっと金持ちだろうに．

If I had made a bet on that horse, I would be richer now.
Si j'avais parié sur ce cheval, je serais maintenant plus riche.

語彙 英〈make a bet on A〉「A に賭ける」に相当する仏語は〈parier sur A〉の表現．

あわせて「もし A〔**名詞**〕がなければ（なかったら）」というおなじみの言いまわしを英仏で比較・対照すると次のような例があげられる．

例文 243 あなたの助けがなかったら，彼らはけっして成功できなかっただろう．

Without [But for] your help, they could never have succeeded.
Sans votre aide, ils n'auraient jamais pu réussir.

例文応用 英語では仮定法過去〈If it were not for ～〉（仏〈Si ce n'était (pas) ～〉/〈S'il n'y avait pas ～〉），仮定法過去完了〈If it had not been for ～〉（仏〈S'il n'y avait pas eu ～〉）と**接続詞**を用いて書くこともできる．

243* ワインがなければ私たちの人生は味気ないものになるだろう．
If it were not for wine, our life would become insipid.
S'il n'y avait pas le vin, notre vie deviendrait insipide.

81 もし万一（仮に）～したら，…だろう

英語では，不確実な現在および未来の仮定に対しては仮定法未来が使われる．これに該当する仏語の表現に次のような言いまわしがある．

英 If+S+should+do ～, S+ { would [will] / could [can] / might [may] } +do / 命令文

If+S+were to do ～, S+ { would / could / might } +do …

仏 Si par hasard [jamais]+S+V〔直説法〕, S+V

> **例文 244** もしたまたまマーチン〔マルタン〕さんに会うことがあったら，このメッセージを伝えてください．
>
> **If you should happen to meet Mr. Martin, tell him this message, please.**
>
> **Si par hasard [jamais] vous veniez à rencontrer M. Martin, transmettez-lui ce message, s'il vous plaît.**

語彙 仏〈venir à + *inf.*〉は「たまたま～する」の意味で使われる．

また英語の**接続詞〈if〉の代わり**に使われる〈Suppose [Supposing] (that)〉（現実性のある仮定には直説法が，実際には起こりそうにないことには仮定法が用いられる）に対応する仏語に，〈Supposez [Suppose] que＋S＋V〔接続法〕, S＋V〉あるいは〈En supposant que＋S＋V〔接続法〕〉という表現がある．

> **例文 245** 仮に君が試験に落ちたらどうします？
>
> **Suppose [Supposing] (that) you fail the examination, what will you do?**
>
> **Suppose [En supposant] que tu échoues à l'examen, que feras-tu ?**

82 仮定法〔条件法〕の if 節〔Si 節〕の代用

言うまでもなく仮定法〔条件法〕の「もし～ならば」の部分に常に〈if 節 / si 節〉が置かれるわけではない．副詞（句）や主語の含意でそれを代用するケースは少なくない．

> **例文 246** 私の立場だったらあなたはどうするだろうか？
>
> **What would you do in my place?**
>
> **Qu'est-ce que vous feriez à ma place ?**

補足 「もし〜ならば」に相当する表現として，副詞句 英〈in my place〉，仏〈à ma place〉が使われている例．⇨ 例文240

例文 247 誠実な人であればそんな振る舞いはしないだろう．

An honest man would not behave like that.
Un homme honnête n'agirait pas comme ça.

補足 主語が「もし〜ならば」を含意している例．

語彙 仏語で「誠実（正直）な人」は〈un honnête homme〉と形容詞を前に置いて表現することも可．ただし，この語順は「17世紀貴族社会で理想とされた紳士（教養あふれ作法を備えた人物）：オネットム」の意味にもなる．

また，英語で**不定詞**が〈if 節〉の代用をするように，仏語で不定詞を用いた表現が〈si 節〉に相当する働きをすることがある．

例文 248 彼が英語を話しているのを聞くと彼をアメリカ人だと思うだろう．

To hear him speak English, you would believe him to be an American.
A l'entendre parler anglais, on le croirait américain.

例文応用 ほかに英語の**分詞構文**（仏 ジェロンディフ）が条件・仮定を表すケース，ならびに主語に仮定のニュアンスが包含されているケースなどを英仏で対照すれば，たとえば，次のような例があげられる．

☐ **248*** ちゃんと探せば，本は見つかるよ．

Looking well, you will find the book.
En cherchant bien, tu trouveras le livre.

補足 ただし，この例では，英〈If you look well〉と節を用いる方が一般的．分詞構文を用いると意味が曖昧になってしまう．

☐ **248**☆☆　あなたよりも頭のよくない男ならば成功したでしょうに．

A less intelligent man than you would have succeeded.

Un homme moins intelligent que vous aurait réussi.

(補足) 言外に「あなたは愚かな人」という皮肉をこめている．

83　～であればよいのに（願望）

> 英　**I wish [If only]＋S＋V**〔仮定法過去・過去完了〕**!**
> 仏　**Si seulement [encore, au moins]＋S＋V**〔半過去・大過去〕**!**

(例文) **249**　君がここにいてくれたらなあ．

I wish [If only] you were here!

Si seulement tu étais ici!

(補足) 英仏ともに，現在には実現できない願望を表す．

(例文) **250**　あのときもっとお金があったならなあ．

I wish [If only] I had had more money then!

Si seulement j'avais eu plus d'argent à ce moment-là!

(補足) 過去において実現しなかった願望（後悔の気持ち）を表す表現．〈Si seulement ...〉に形状が類似した英語〈If only ...!〉は〈I wish〉よりも強い表現．なお上記の仏語を検証すると，〈si＋強調語句＋S＋V〔直説法〕〉の構造になっている．ここから，仏語では以下のような決まり文句を導くことができる．

▷　もし運良く（運悪く）～ならば
　　Si par bonheur [malheur]＋S＋V〔直説法〕
▷　もし幸運にも（不幸にして）～ならば
　　Si par chance [malchance]＋S＋V〔直説法〕

▷ もし〜の場合には
Si parfois [des fois]＋S＋V〔直説法〕

また，**独立文**〈If＋S＋V〔仮定法過去〕…!〉「〜であればなあ」（願望）に対応する仏語は〈Si＋S＋V〔直説法半過去〕…!〉（条件節の独立用法）の形．

例文 251 ああ，宝くじで 100 万円当たればいいのに．

Ah！ If I could win one million yen in the lottery！
Ah！ Si je pouvais gagner un million de yens à la loterie！

補足 この例文の数詞の考え方が英仏で相違している．〈one million〉は形容詞として働き〈yen〉を修飾しているのに対して，〈un million〉は通例"de＋無冠詞複数名詞"を伴う形が用いられる．

例文応用 仏語の〈Si＋S＋V〔直説法半過去〕…?〉は**勧誘・提案**の意味でも使われる．⇨ **姉妹編**『ケータイ万能』p. 177

□ **251**☆ 散歩にでもいきましょうか？

What do [would] you say to going for a walk？
＝**How about going for a walk？**
＝**Suppose we went for a walk (, shall we)？**
　Si on allait faire une promenade？

84 まるで〜であるかのように

英 as if [though]＋S＋V〔仮定法過去・過去完了〕
仏 comme si＋S＋V〔直説法半過去・大過去〕

〈as if〉は「現在の事実に反する仮定」か「過去の事実に反する仮定」かで，仮定法過去を用いるか仮定法過去完了を用いるかを区別する（ただし，前者のケースで直説法が用いられることも少なくない ⇨ 例文 073）．仏語は「主節と

同時のことを言う」には直説法半過去が使われ，「それ以前のこと」であれば直説法大過去が使われる．

例文 252 彼はまるで 20 歳の若者のような仕事ぶりだ．

He works as if he were twenty years old.
Il travaille comme s'il avait vingt ans.

例文 253 彼女はパリへ何度も行ったことがあるかのように話をする．

She talks about Paris as if she had been there many times.
Elle parle de Paris comme si elle y était allée plusieurs fois.

85 〜する限りでは

英 as far as＋S＋V
仏 d'aussi loin que＋S＋V〔直説法・接続法〕

条件を表す接続詞に〈as far as＋S＋V〉の言い方があるが，これに対応する仏語に〈d'aussi loin que＋S＋V〔直説法・接続法〕〉（原則的に，空間的な意味では直説法を使い，時間的な含みでは接続法が使われるとされる）がある．

例文 254 目の届く限り空には雲ひとつなかった．

As far as the eye could reach [see], there wasn't a cloud in the sky.
D'aussi loin que la vue pouvait porter, il n'y avait pas un nuage dans le ciel.

仏語の〈**autant que**＋S＋V〔接続法〕〉と呼応するケースもある．

(例文) **255** 私の知る限り，彼は一度もレースに勝ったことはありません．

As far as I know, he has never won a race.

Autant que je sache, il n'a jamais gagné de course.

(補足) 仏語の〈autant〉を省略して〈Que je sache〉としても同意．なお，この成句はすでに触れたように 英〈To (the best of) my knowledge〉，仏〈à ma connaissance〉で書きかえられる．⇨ 57 ―(3)

また，「**私に関する限り**」〈as [so] far as I am concerned〉の成句に対応する仏語は，〈en [pour] ce qui me concerne [regarde]〉の形．

(例文) **256** 私に関する限り不満はありません．

As [So] far as I am concerned, I have no complaints (to make).

En [Pour] ce qui me concerne [regarde], je n'ai pas à me plaindre.

(補足) 「私としては」英〈As for me / For my part〉，仏〈Quant à moi / Pour ma part / Pour moi〉といった言いまわしでも同様のニュアンスを表す．

13 英仏「譲歩」構文の比較・対照

> 86 ～だけれども（～なのに）／（たとえ）～としても

「Aであるのに（Bではなくて）Cである」という表現や「たとえAであるとしてもBである」という言いまわしは譲歩と呼ばれる．その代表的なものを英仏対照・比較してみると以下のような例があげられる．

86—(1)
英 though [although]＋S＋V
仏 bien que＋S＋V〔接続法〕

例文 257 日が出ていないのに今日はかなりあたたかい．

It is quite warm today though [although] there is no sun.
Il fait assez chaud aujourd'hui bien qu'il n'y ait pas de soleil.

例文応用 仏〈quoique＋S＋V〔接続法〕〉も「～ではあるが，にもかかわらず」の意味を表す表現．

☐ **257☆** 雨にもかかわらず，寒くはない．

Though it rains, it is not cold.
Quoiqu'il pleuve, il ne fait pas froid.

譲歩を表すために英語では，〈形容詞〔副詞／無冠詞の名詞〕＋as [though]＋S＋V〉の**倒置**が用いられることがある．仏語でも同様に〈bien que〉〈quoique〉の後に直接「形容詞・副詞・名詞」を置く言いまわしがある．

> **例文 258** 彼は年をとっているけれども足が達者だ．
>
> **Old as [though] he is, he is a good walker.**
> =**Though he is old, he is a good walker.**
> **Bien qu' [Quoiqu'] âgé, il a de bonnes jambes.**
> =**Bien qu' [Quoiqu'] il soit âgé, il a de bonnes jambes.**

補足 例文 263☆ も参照のこと．

「(たとえ)〜としても」（譲歩）の表現の代表例を英仏で対照するとたとえば下記のような比較・対照が成り立つ．

86—(2)
英 **even if [even though]＋S＋V**
仏 **même si＋S＋V** 〔直説法〕

> **例文 259** （たとえ）あなたに頼まれてもそんなことは断じてしないだろう．
>
> **I would never do that, even if you asked me.**
> **Je ne ferais jamais ça, même si vous me le demandiez.**

87 A であろうと B であろうと

英語の〈whether A or B〉が譲歩のニュアンス「A であろうと B であろうと，A しようと B しようと」（条件・仮定とも呼べる）になることがある．特に〈whether A or not〉という形がよく使われるが，これは「A であろうとあるまいと，A しようとしまいと」といった訳が充てられる．この相関句に相当するのが仏語の次の構文．

英 whether＋A＋V ～ or B＋V …
仏 que＋A＋V〔接続法〕, ou que＋B＋V〔接続法〕

例文 260 私が黙っていても何か言っても，いつも非をとがめられる．

Whether I stop talking or I say something, people always blame me.

Que je me taise, ou que je dise quelque chose, on me donne toujours tort.

補足 仏語ではこの表現を〈si＋〔直説法〕, si＋〔直説法〕〉という相関表現を使って表すこともできる．また文語ではあるが，〈soit que …, soit que …〉の相関句もある．

語彙 仏〈donner tort à *qn.*〉で「（人の）非をとがめる，間違っていると考える」の意味になる成句．

例文応用 〈whether A or B〉が「A か B か」を意味する**名詞節**で使われるケースもある．その場合，仏〈si〉「～かどうか」が呼応する．

□ **260**☆ 私は行くか行かないかわかりません．
I don't know whether to go or not.
Je ne sais pas s'il faut y aller ou non.

88 （たとえ）誰であろうと

88—(1)
英 whoever＋S＋V
仏 qui que＋S＋V〔接続法〕

例文 261 あなたが誰であろうと，貧しい人たちを軽蔑してはならない．

Whoever you are [may be], you must not despise the poor.

Qui que vous soyez, vous ne devez pas mépriser les pauvres.

補足 譲歩の意味を強めるために英語では助動詞 may が使われることもあるが和訳には影響しない．なお，上記の英語は〈No matter who ...〉で書きかえられる．

「(たとえ)何が(を)〜としても」の表現はたとえば次のような表現で英仏を比較対照できる．

> **88—(2)**
> 英 **whatever＋S＋V**
> 仏 **quoi que＋S＋V**〔接続法〕

例文 262 どんなことが起ころうとも落ちついていなさい．

Stay calm whatever happens [may happen].
Restez calme [tranquille] quoi qu'il arrive.

補足 上記の英語は〈Stay calm no matter what happens [may happen].〉と書きかえることができる．なお，〈whoever〉〈whatever〉などが名詞節で使われる用例については 55 を参照のこと．

例文応用 英語の〈**whatever＋A＋may be**〉の展開で「(たとえ) A がどうであろうと」を仏語に置きかえた場合には，〈quel que soit＋A〉「A がどうであろうとも」がこれに呼応する形となる．

□ **262**☆ 結果がどうあろうと，私たちはそれをやります．

Whatever the result may be, we will do it.
Quel que soit le résultat, nous le ferons.

英語の「(たとえ)どんなに〜としても」〈however〉(=〈no matter how〉) に相当する仏語には下記のような構文が使われる．

> **88—(3)**
> 英 **however＋形容詞〔副詞〕＋S＋V**〔be 動詞〕
> 仏 **si [quelque]＋形容詞〔副詞〕＋que＋S＋être**〔接続法〕

例文 263 彼がどんなに偉大でも全能ではない．

However great he may be, he isn't almighty.
Si [Quelque] grand qu'il soit, il n'est pas tout-puissant.

例文応用 例文 258 で見たように，〈形容詞〔副詞・無冠詞の名詞〕＋as [though]＋S＋V〉の形で，つまり上記の例であれば，〈Great as [though] he is [may be], he isn't almighty.〉と書きかえることができる．仏語には〈**pour (si)＋形容詞・副詞＋que＋S＋V**〔接続法〕〉と表現するパターンもある．

☐ **263**☆ あの男は金持ちなのに，気前がよくない．

Rich as [though] he is, that man isn't generous.
Pour riche qu'il soit, cet homme n'est pas généreux.

補足 上記の仏語を〈Pour être riche, cet homme n'est pas généreux.〉と書くこともできる．これは〈pour〉が譲歩のニュアンスを表す例だが，主節が否定文の場合に使われる言いまわし．

なお，〈wherever〉「（たとえ）どこで〜としても」に対応する〈où que＋S＋V〔接続法〕〉など，譲歩構文は多様な比較・対照が考えられる．

例文 264 たとえあなたがどこにいようと私はあなたを忘れない．

I don't forget you wherever you happen to be.
Je ne vous oublie pas où que vous vous trouviez.

---

89 なるほど（確かに）〜だが…

英 It is true (that) 〜 but … / Indeed [To be sure,] 〜 but …
仏 Il est vrai que＋〔直説法〕, mais … / Certes 〜 mais …

例文 265 なるほど彼女は金持ちではあるが，不幸な人だ．

It is true she is rich, but she is unhappy.
＝Indeed [To be sure,] she is rich, but she is unhappy.
Il est vrai qu'elle est riche, mais elle est malheureuse.
＝Certes, elle est riche, mais elle est malheureuse.

例文応用 265 を仏語では以下のように書くこともできる．

Si elle est riche, elle n'en est pas moins malheureuse.

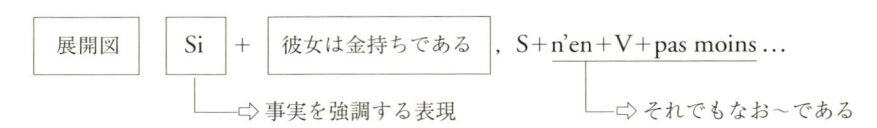

展開図	Si	＋	彼女は金持ちである	, S＋n'en＋V＋pas moins …

　　　　　　　　　　　⇨ 事実を強調する表現　　　　　　⇨ それでもなお～である

例文応用 265 の相関句は常に文頭にあるわけではない．文中や文尾に**挿入句**として置かれるケースも多い．

☐ **265☆** 確かに彼は性格はいいが，知的ではない．

He has a good character, to be sure, but he isn't intelligent.
Il a un bon caractère, certes, mais il n'est pas intelligent.

14 英仏「目的」構文の比較・対照

> 90 〜するために

90—(1)
英 to do / so as to do / in order to do
仏 pour+*inf.* / dans le but de +*inf.* / afin de+*inf.*

英語で不定詞を用いて目的「〜するために」（すでに，不定詞の英仏対照の章でもチェック済 ⇨ 例文 155）を表す代表的な成句表現と仏語を対比してみたい．

例文 266　彼は試験に合格するために最善を尽くした．

He did his best to pass the exam.
Il a fait de son mieux pour réussir à l'examen.

補足　熟語 英〈do one's best〉や〈make efforts〉（仏〈faire tout son possible〉〈faire tous ses efforts〉）などの後では（×）英〈so as to do〉（仏〈dans le but de+*inf.*〉）といった目的を明示する表現は使われず，単に〈to do〉（仏〈pour+*inf.*〉）の形が用いられる点に注意．

例文 267　彼らはお金を稼ぐためにその仕事をしている．

They do the work so as [in order] to earn money.
Ils font le travail dans le but [afin] de gagner de l'argent.

補足　英語を細かく見ていくと〈so as to do〉の方が〈in order to do〉よりも口語的で，結果を含意するといった点に微妙な違いが認められる．

英語で**動名詞**を使った成句,「～するために」に対応するのは次の形．仏語では不定詞が使われる．

90—(2)
英 with a view to doing / with the intention of doing
仏 en vue de＋*inf.* / dans [avec] l'intention de＋*inf.*

例文 **268** 私は仏語に磨きをかけるためにフランスに行くつもりです．

I'm going to France with the intention of brushing up my French.

Je vais aller en France dans [avec] l'intention de rafraîchir mon français.

語彙 rafraîchir 他 生き生きとさせる；(新品のように)直す

91 ～するために…

英 … so [in order] that＋S＋may [can, will] ～
仏 … pour [afin] que＋S＋V〔接続法〕～

90—(1) で扱った構文を**節で書きかえる**パターンを見てゆく．

例文 **269** 用心のためにそのことをあなたに話しています．

I'm telling you that so [in order] that you may be on your guard.

Je vous dis cela pour [afin] que vous soyez sur vos gardes.

語彙 仏〈être sur ses gardes〉で「用心（警戒）している」の意味を表す熟語．

この文章を打ち消した「〜しないために（しないように）」は下記のような英仏対応となる．

例文 270　彼女が寒くないように私は自分のセーターを貸した．

I lent her my sweater so that she wouldn't be cold.
Je lui ai prêté mon pull pour [afin] qu'elle n'ait pas froid.

92　〜しないように（するといけないから）

270 の例文と同じニュアンスを伝える構文（ただし，否定表現を用いない形）をチェックしていく．

英　**for fear (that) [lest]＋S＋could [might] do ...**
仏　**de [par] peur [crainte] que＋S＋(ne)＋V〔接続法〕**

例文 271　風邪をひくといけないので娘は家にいます．

My daughter stays at home for fear (that) [lest] she could catch a cold.
Ma fille reste à la maison de crainte qu'elle ne prenne froid.
＝**Ma fille reste à la maison de [par] peur [crainte] de prendre froid.**

語彙　仏〈prendre [attraper] froid〉で「風邪をひく」の意味．

補足　例文は主節の主語と従属節の主語が同じであるので，英〈for fear of 〜ing〉，仏〈de [par] peur [crainte] de＋*inf.*〉の形でも書くことができる．

(例文応用) 「～するといけないから」は「～しないように（しないですむように）」という含みであるから，英〈so [in order] that ... may [will, can]〉, 仏〈pour que＋S＋V〔接続法〕〉を**否定する形**でも表現できる． ⇨ 例文270

□ **271**☆ 忘れないようにそれをそこに置いていきなさい．

Put it there so that it won't be forgotten.

Mettez-le là pour qu'on ne l'oublie pas.

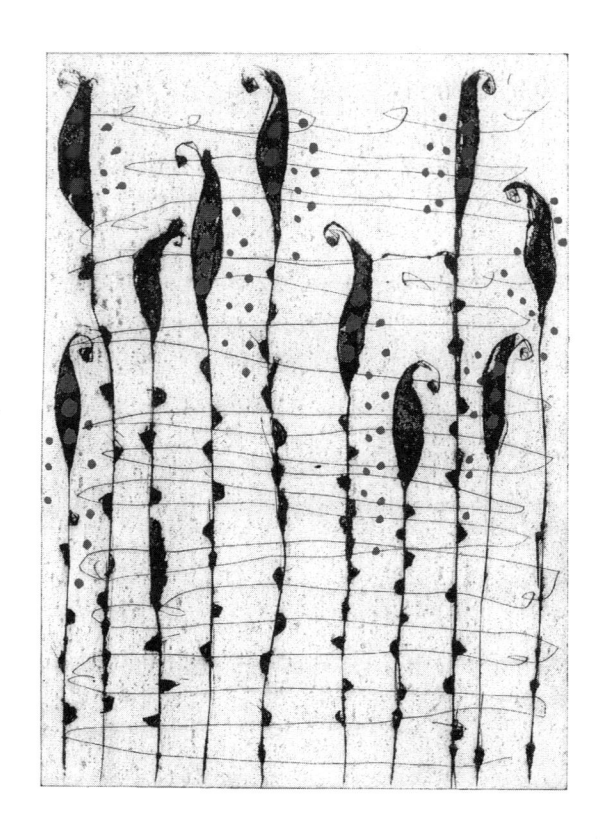

15 英仏「結果・様態」構文の比較・対照

> 93 ～するほど... (程度) ／非常に...なので～する (結果)

英 形容詞〔副詞〕＋enough to do ～
so＋形容詞〔副詞〕＋as to do ～
仏 assez＋形容詞〔副詞〕＋pour＋*inf.*

(例文) **272** 彼はそれを（十分に）理解できる年頃だ．

He is old enough [so old as] to understand it.
Il est assez grand pour le comprendre.

(補足) 45 も参照のこと．

(例文応用) 英語の〈**enough**＋〔名詞〕〉の形は，仏語の〈**assez de**＋〔名詞〕〉の展開に呼応する．

□ **272**☆ 私たちには時間が十分にない．

We don't have enough time.
Nous n'avons pas assez de temps.

上記の構文を否定した表現は「**...するほど～ではない**」と訳される．

(例文) **273** 彼女はそれを信じるほど馬鹿ではない．

She is not so stupid as to believe it.
Elle n'est pas assez bête pour le croire.

> 94 とても（非常に）～なので…（結果）／…するほど～（程度）

93 の構文を節で置きかえた英仏の構文を比較対照すると下記のようになる．

94—(1)
英 so 形容詞〔副詞〕that＋S＋V …
仏 si [tellement] 形容詞〔副詞〕que＋S＋V〔直説法〕…

(例文) 274 祖父はとても耳が遠いので大声を出さなくてはなりません．

My grandfather is so deaf that we must shout.
Mon grand-père est si [tellement] sourd qu'on doit crier.

(補足) 仏語で，この構文の主節が否定文ないしは疑問文のときには「接続法」（ならびに虚辞の〈ne〉）が使われる．

(例文応用) 英語の〈so much that…〉「～しすぎて…」に対応する仏語として〈tellement [tant] ～ que…〉の相関句も使われる．

□ **274*** エリザベス〔エリザベート〕は食べすぎて病気になった．
Elizabeth ate so much that she fell ill [sick].
Elisabeth a tellement [tant] mangé qu'elle est tombée malade.

94—(1) の形容詞（副詞）の位置に**程度名詞**（"大きさ"で分量・程度を計ることができる名詞）を使って「とても～なので」（あるいは名詞を省略する形もある）の意味を表す展開は次のような英仏対照となる．

94—(2)
英 S is such that＋S＋V … / Such is＋S＋that＋S＋V …
仏 S est tel que＋S＋V〔直説法〕…

(例文) 275 彼はとても親切なので皆に愛される．

His kindness is such that he is loved by everybody.
Sa bonté est telle qu'il est aimé de tout le monde.

補足 直訳は「彼の親切さ（程度名詞：親切さの度合は"大きさ"で計れる）は大変なものだから彼は皆に愛される」となる．英語で倒置形を使って〈Such is his kindness that ...〉と書くこともできる．なお，仏語〈tel〉は付加形容詞あるいは属詞として働く（**275** は属詞の例）．また，主節が否定文のときには〈que〉以下には接続法が使われる点にも注意したい．

例文応用 上記の例を 94—(1) の構文を使って次のように言いかえることもできる．

☐ **275**☆ 彼はとても親切な人なので皆に愛されている．

He is so kind [such a kind man] that he is loved by everybody.

Il est si [tellement] gentil [un homme si gentil] qu'il est aimé de tout le monde.

---

95 とても〜なので...できない ⇨ 62

不定詞の視点からすでに確認した相関句だが，再度チェックしておきたい．

95—(1)
英 **too 〜 to do ...**
仏 **trop 〜 pour+*inf.* ...**

例文 276 兄〔弟〕は聡明なのでそれを見抜かずにはいない．

My brother is too intelligent not to guess it [find it out].

Mon frère est trop intelligent pour ne pas le deviner.

補足 英〈too 〜 not to do〉，仏〈trop 〜 pour ne pas+*inf.*〉で「とても〜なので...できる」の意味になる．

「とても〜なので...できない」の相関句を**節で書きかえる**と次のような英仏対応となる．

95 —(2)

英 so ~ that＋S＋cannot＋do …
仏 tellement ~ que＋S＋ne pouvoir〔直説法〕pas …
  trop ~ pour que＋S＋pouvoir〔接続法〕…

例文 277 彼はとても早口なので私には理解できない．

He is talking so fast that I cannot understand.
Il parle tellement vite que je ne peux pas comprendre.
＝Il parle trop vite pour que je puisse comprendre.

補足 仏語の２つの文で，〈que〉以下の否定語の有無と法に違いがある．

96 ～が…したことには（感情名詞）

英 to＋所有格＋感情を表す名詞
仏 à [pour]＋所有形容詞＋感情を表す名詞

例文 278 とても驚いたことに，駅で偶然彼女に会った．

To my great surprise, I came across her at the station.
A ma grande surprise, je l'ai rencontrée à la gare.

補足 この言いまわしを強調のために英語では〈to one's great＋感情名詞〉あるいは〈much to one's ＋感情名詞〉の形が使われ，仏語では名詞を〈grand(e)〉で強調する形が使われる．別例を英仏対照であげておく．

▷ 驚いたことには　　**英** to one's surprise　　**仏** à son étonnement
▷ 嬉しいことには　　**英** to one's joy　　　　 **仏** à sa grande joie

16 英語の分詞・分詞構文などに対応する仏語の構文

> **97** 分詞による名詞修飾

まず，現在分詞ならびに過去分詞による名詞修飾の例（形容詞として作用するケース）を見ていきたい．

例文 279 ゆりかごで眠っている赤ちゃんは誰ですか？

Who is the baby sleeping in the cradle?
Qui est le bébé dormant dans le berceau?

展開図　Qui est ｜ le bébé ｜ + ｜ ゆりかごで眠っている ｜ ?

＊「赤ちゃんが眠っている」という能動関係が成立

補足 仏語の口語では，文頭に〈C'est〉を付加して，〈C'est qui le bébé dormant dans le berceau?〉という形もよく用いられる．

例文応用「ゆりかごで眠っている赤ちゃん」の箇所は以下のように英仏ともに**関係代名詞**で書きかえられる．

□ **279**☆　ゆりかごで眠っている赤ちゃんは誰ですか？．

Who is the baby who is sleeping in the cradle?
Qui est le bébé qui dort dans le berceau?

補足「眠っている赤ちゃん」のように動作・行動を表現するケースでは，仏語は現在分詞よりも関係代名詞を用いる文の方が好まれる．

例文 280 警察に逮捕された女性は獄死した．

A woman arrested by the police died in jail.
Une femme arrêtée par la police est morte en prison.

展開図　Une femme ＋ 警察に逮捕された ＋ est morte en prison.

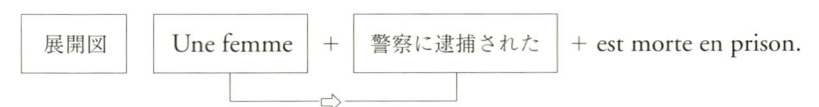

＊「女性が警察に逮捕された」という受動関係が成立

補足　「警察に逮捕された女性」は過去完了（仏語では直説法大過去）の受動態に関係代名詞を用いた形で書きかえられる．すなわち，英〈a woman who had been arrested by the police〉，仏〈une femme qui avait été arrêtée par la police〉と表現することもできる．

98 分詞構文の英仏対照

分詞が接続詞と動詞を兼用した働きをし，副詞句を構成する文章を分詞構文と呼ぶ．そして，下記のようなさまざまなニュアンスを帯びる．以下，用法ごとに英仏を対照してみたい．

例文 281　ラジオを聞きながら父は新聞を読んでいた．

My father was reading the newspaper while listening to the radio.
Mon père lisait le journal (tout) en écoutant la radio.

補足　「同時性」（〜しながら）の意味で分詞構文が使われている例．このニュアンスでは，仏語では通常，ジェロンディフ〈en＋-ant（現在分詞）〉（現在分詞だけで構成される構文よりも口語的）が用いられる．同時性を強調する意図で〈tout〉をつけることもある．なお，この例文では英語の接続詞〈while〉を省略しない形が自然．

例文 282　非常階段から落ちて，彼は足を折った．

Falling from a fire escape, he broke his leg.
En tombant de l'escalier de secours, il s'est cassé la jambe.

語彙　仏〈de secours〉で「緊急用の」，仏〈se casser〉は「自分の〜を痛める（折る）」の意味．

(例文応用) 282 は「原因・理由」(〜なので，〜のせいで) を表す例．ジェロンディフの形が使われる．ただし，仏語で，原因・理由を表す動詞が〈être〉〈avoir〉〈pouvoir〉の場合にはジェロンディフにせずに現在分詞を使う．

☐ 282☆　怠け者なので叔父は成功しなかった．

Being idle, my uncle didn't succeed.
Etant paresseux, mon oncle n'a pas réussi.

(補足)　(×)〈En étant paresseux, ...〉とジェロンディフにしない．

(例文) 283　クレア〔クレール〕は僕が待っているのを知りながら来なかった．

Claire didn't come, knowing that I was waiting for her.
Sachant que je l'attendais, Claire n'est pas venue.

(補足)　「譲歩・対立」(〜にもかかわらず，〜なのに) の意味．仏〈Tout en sachant 〜〉とジェロンディフで書くこともできる．なおジェロンディフの前に〈tout〉が置かれるのは同時性「〜しながら」を表すケースと対立「〜なのに」のニュアンスを表すケースが多い．

(例文) 284　急いで歩けば，あなたはそこに間に合うでしょう．

Walking fast, you will arrive there in time.
En marchant vite, vous y arriverez à temps.

(補足)　「手段・条件」(〜によって，〜すれば) を表すケース．仏語では多くの場合ジェロンディフが使われる．⇨ 例文 238

ただし，主節の主語と従属節の主語が違う**絶対分詞構文**の形は，通例ジェロンディフにはしない．また，ジェロンディフは複合時制では用いない．

(例文) 285　暑かったので，彼女たちはプールに行った．

The weather being sunny, they went to the swimming pool.
Le temps étant ensoleillé, elles sont allées à la piscine.

語彙 英〈sunny〉, 仏〈ensoleillé(e)〉ともに「日のさす, 日当たりのよい」の意味を表す形容詞.

例文応用 複合時制の例も見ておく.

☐ **285**☆ 窓を開けて, 彼女は（別れのしるしに）ハンカチを振った.

Having opened the window, she waved a handkerchief.
Ayant ouvert la fenêtre, elle a agité un mouchoir.

もちろん, 英仏ともに**過去分詞**を使った分詞構文を作ることができる.

例文 286 黒を着れば, 彼女はもっとエレガントに見えるでしょう.

Dressed in black, she will look more elegant.
Habillée de noir, elle semblera plus élégante.

補足 これを節で書けば 英〈If she is dressed in black〉, 仏〈Si elle est habillée de noir〉となる.

99 〜から判断すると

99—(1)
英 **Judging from [by]**
仏 **A en juger [Si j'en juge] par**

例文 287 外見から判断すると, 彼は貧しそうだ.

(Judging) From [By] his appearance, he seems [looks] poor.
A en juger [Si j'en juge] par son apparence, il semble pauvre.

補足 決まり文句として分詞構文が使われている例（独立分詞構文と呼ばれる）. 仏語では分詞が使われていない点に注意.

例文 288 天気がよければ，明日あの峰を征服するつもりだ．

Weather permitting, we are going to conquer that peak tomorrow.
Si le temps le permet, on va conquérir ce sommet demain.

補足 英語は独立分詞構文が使われるが，仏語では「もし天気が（それを）許せば」と英語の〈If weather permits〉に相当する表現が用いられる．

ただし，下記の「**概して，一般的に言って**」のように英仏で類似した表現になる独立分詞構文もある．

99—(2)
英 **Generally speaking**
仏 **Généralement parlant**

例文 289 一般的に言って，女性は男性よりも長生きだ．

Generally speaking, women live longer than men.
Généralement parlant, les femmes vivent plus longtemps que les hommes.

例文応用 仏〈parlant〉の形状は現在分詞と同じだが文法上は副詞扱い．この例では，英仏ともに〈speaking〉〈parlant〉を省く形（副詞のみ）がよく用いられる．なお，英語で "副詞＋speaking" で多様な表現がつくれるように，仏語も "〈-ment〉の綴りで終わる副詞＋parlant" で**多様な表現**を作ることができる．

☐ **289**☆ 経済的に言えば，この銀行は破綻している．
Economically speaking, this bank is going bankrupt.
Economiquement parlant, cette banque fait faillite.

語彙 仏〈faire faillite〉あるいは〈être en faillite〉で，「破産（破綻）する」の意味．

□ **289**☆☆ 厳密に言えば，この世には多くの矛盾が存在する．

Strictly speaking [To speak strictly], there are a lot of contradictions in this world.

Strictement parlant, il y a beaucoup de contradictions dans le monde.

(補足) ただし，英仏がすべて上記のような類似表現になるわけではない．たとえば，「おおざっぱに言って」英〈roughly [broadly] speaking〉などは，仏語では（×）〈approximativement parlant〉などと長々と表現することはせず，一般的には〈en gros〉〈grosso modo〉（ラテン語派生の表現）といった決まり文句が使われる．

┌───┐
│ 100 付帯状況（～しながら，～した状態で）
└───┘

最後に，〈with＋名詞＋形容詞〔現在分詞・過去分詞など〕〉の形で構成される付帯状況を英仏対照していきたい．

(例文) **290** 彼女は目を閉じて音楽を聞いていた．

She was listening to music with her eyes closed.

Elle écoutait de la musique les yeux clos.

(例文応用) 英語の付帯状況は文法的に〈with＋目的語＋補語〉の関係になっている．言いかえれば，この部分で2文型（S＋V(be動詞)＋C）の関係が成立する文章構成．上記の例であれば〈Her eyes are [were] closed.〉の文が成立する．一方，仏語の「目を閉じて」の箇所を分析すれば，〈les yeux＋clos〔形容詞〕〉という展開で「閉じられた目」となる．英語と同じく〈Les yeux sont [étaient] clos.〉という文章をイメージできる．別例をあげておく．

□ **290**☆ 彼は目に涙を浮かべてその話を語った．

He spoke of the story with tears in his eyes.

(→ Tears are in his eyes.)

Il a parlé de cette histoire les larmes aux yeux.

(→ Les larmes sont dans ses yeux.)

□ **290**☆☆　私は森を歩いた．頭上に星がきらめいていた．

I walked in the forest, with stars twinkling above me.

(→ stars which were twinkling …)

J'ai marché dans la forêt, (avec) des étoiles scintillant au-dessus de moi.

(→ (avec) des étoiles qui scintillaient …)

索引〔Ⅰ〕 〈日本語から該当する英仏語彙・表現を探すために〉

　この索引は，本書を簡単な『和英・和仏単語集（表現集）』としても活用いただけるよう"第Ⅰ章"に載っている「例文」（補足・例文応用を含む．ただし囲み記事は対象外）で使用した「語句」（ひとつの例文から数語のキー・ワードを抽出），ならびに「構文」を日本語から検索するためのものです．

▼検索例
　たとえば，次の例〔例文 **004**〕であれば，以下に記す語句で検索が可能です．

　　There are many French books in this library.
　　Il y a beaucoup de livres français dans cette bibliotheque.
　(1)　「たくさん」「本」「図書館」の3語から検索可能です．
　(2)　〈there is (are)〉の構文に該当する「ある（～が）」の訳からも検索可能です．

注意1　英語から仏語を検索する場合には〈索引Ⅱ〉をご利用ください．
注意2　例文（補足・例文応用を含む）で使用している国名・地名〔例：フランス，京都〕などは検索対象からはずれています．
注意3　本書内に何度も出てくる名詞〔例：父，駅〕，あるいは形容詞・副詞〔例：背が高い〕などは初出の箇所のみ指示しました．ただし，複数の例文を参照した方が良いと判断される語句・表現については，例文中に同じ語が繰り返されている場合でも，初出以外の箇所も指示しています．

　なお，たとえば 英〈as soon as〉の和訳に相当する「～するとすぐに」「～するや否や」「すぐに（～すると）」「ただちに（～すると）」など，人によって多様な訳がイメージされると思われる語（成句）については，著者の判断により，できるだけ複数の訳語から検索できるよう工夫したつもりです．ご利用いただいて，不都合がありましたら忌憚のないご意見を出版社宛お送りいただけましたら幸いです．

▼右脇の数字は本書の例文（例文応用）のナンバーを指しています．

〔あ〕

間（あいだ）　045, 193
愛する　074☆☆, 275, 275☆
会う　154
赤ちゃん　279, 279☆
諦める　066☆
あげる（与える）　185☆
開けっぱなしにする　023, 113
開ける　285☆
足が達者である　258
味気ない　243☆
足を折る　282
アスリート　213
与える（くれる）　075
あたたかい　257
頭がよい　248☆☆, 276
新しい　006☆☆
当たり前だ　065, 065☆
当たる（宝くじに）　251
暑い　285
扱い　024
あてにする（子供を）　095☆
後（あと）　202
兄　070
姉　019
アパルトマン　091
あまり（に）〜なので…できない　203, 203☆, 204, 276, 277
雨　040
雨が降る　073, 202, 257☆
アメリカ人　248
操る　057
謝る　212
あらゆることに　032
あらゆるもののなかで最も〜である　218☆
ありがとうございます　058
ありのままに　183
ありのままに言えば　175
ある（〜が）　004, 004☆, 004☆☆, 004☆☆☆, 289☆
ある（存する）　092
あるいは　239☆
歩く　073☆
アルコール　086
あるだけにかえって〜　234

〔い〕

いいですか？　130
言い張る　093, 094
言う　128
言う（人に…するように）　075☆
言う（人に〜を）　017
言うことを聞く　013
言うまでもない　174, 213
家　217☆
家にいる　068
家に帰る　079☆
生きているかぎり　192
いくら〜してもしすぎではない　206
行く　162, 260☆
いけないから（〜すると）　271, 271☆
医者　119
意地が悪い　178, 228
忙しい（〜するのに）　159
依存する　095
急ぐ　132
偉大な　263
1月　076
一度も〜ない　255
一日おきに　029

い～お

一日中　109, 160
一日としてない　188
一番～である　235, 235☆, 236
一番～でない　236
いつ〔疑問詞〕　047
いつから　039
一生懸命に　229
いっそう　233, 234
言ってきかない　093, 094
一般的に言って　289
一方，他方　119
いつも　032, 216☆
いつも（～だと）　207, 207☆, 208
いつも～とは限らない　196
犬　120
いまだ　185
今まで　040☆
妹　019
否応なしに　171☆
いる（家に）　271
いわゆる　176
言われる（だそうだ）　072
飲酒癖　146☆

〔う〕

上に（～の上に）　004☆
受かる（合格する）　166
受け皿　179
失う　200
嘘をつく　150, 150☆
疑う　014
美しい　219, 237
腕　116
奪う　098, 098☆, 099, 100
うまく　055
馬　242

海　015
敬う　106
裏切る　180
嬉しい　154
噂　205☆
運転する　112, 206
運動選手　213

〔え〕

絵　125
映画　147, 182
英語　174
駅　041
エレガントな　286
エンジニア　006
援助　243
演奏する　031, 031☆☆☆, 108
縁を切る　016

〔お〕

終える　035, 044
大きい　217☆, 225
大声を出す　274
おかげである　104, 104☆
お金　134☆, 241, 250
お金を稼ぐ　229, 267
置く　271☆
奥さん　022
遅れる　239☆
怠る　013☆☆
怒っている　131, 131☆
怒る　143
叔父（伯父）　075
遅くまで起きている　170
おそらく～だろう　067
落ちついた　262

164

落ちる（階段から）　107, 282
落ちる（試験に）　067, 245
負っている　104, 104☆
夫　179
弟　070
劣らず〜である　226
驚いたことには　278
驚く　143
踊る　215
同じ　181, 182, 214
同じく　215☆, 226
同じくらい　214, 216
叔母（伯母）　027
お久しぶりです　064☆
おまけに　177
思い起こさせる　085
思い出す　084, 084☆
思う（AをBだと）　021, 021☆, 024, 248
思う（〜だと）　011, 011☆
思う（〜について）　090
思う（見なす）　089
思える（らしい）　070, 071☆
面白い　021, 021☆
思わず〜する　088
思われる（〜と）　287
思われる（らしい）　070, 071☆
親　013
泳ぐ　002
折る（足を）　282
愚かな　228
終わる　037
音楽　290

〔か〕

〜か〜か　260☆

絵画　125
会議　076
外見から判断すると　287
外国人　055
開催する　076
概して　289
外出する　145, 145☆
階段　107
解答する　054, 054☆, 054☆☆
飼う　120
買う　042, 062, 161, 241
かえって　234
化学　145☆☆
かかる（お金が）　062
かかる（時間が）　060
かぎり（〜する）　254
学業　066
学術会議　076
書く（手紙を）　058
賭ける　242
歌手　220
かしら　164
風邪気味である　170
風邪をひく　271
稼ぐ（お金を）　229, 267
風　100☆
家族　016
学校　139
かつて〜したものだ　146, 146, 148
かつては〜だった（過去の状態）　147
勝つ（レースに）　255
金（かね）　005
金持ち　196
金持ちの　031☆
髪　115
かもしれない　081, 131, 131☆

かもしれない（〜した）　140
かりに〜だとしたら　244, 245
借りる　105
歓迎する　184, 184☆
関係がある　172, 173
関係に等しい　179
簡単な　054, 054☆☆
簡単に　054☆

〔き〕

機械　057
企画　059
聞く　010, 143, 248, 281, 290
聞く（尋ねる）　018
聞く（話を）　211☆
聞こえる（〜が...するのを）　108
規則　187
ギターを弾く　031☆☆☆
帰宅する　046, 047
貴重な　218, 218☆, 218☆
気づかせる　085
きっと〜だろう　069, 069☆
昨日（きのう）　068
気前のよい　263☆
きまって（〜だと）　207, 207☆, 208
義務がある　106
決める　097
牛乳　009
給与　102
教会に行く　208
教科書　083
器用な　224, 224☆, 224☆☆
きらめく（星が）　290☆☆
霧　201
切る（髪を）　115
着る　286

きれいな　237
気をつける　051
金（きん）　197
銀行　105
金庫　099
勤勉な　215☆, 235, 236

〔く〕

偶然人に会う　278
腐る　009
くずす（お金を）　137
薬　238
ください（〜を）　152, 152☆
口を開く　134
区別する　019
雲　254
暗い　201
暗くなる　079☆
クラシック（音楽）　010
クラス　236
比べる　101, 102
繰り返す　126
車　112
くれる（与える）　075
来る　144, 190, 283

〔け〕

警戒する　269
計画　090, 121
経済的に言えば　289☆
警察　280
芸術的な　125
軽蔑する　261
外科医　119
今朝　040
ケチな　178

ケチをつける　032
結果　262☆
結婚する　074
けっして〜ない　162, 243, 255
決定する　097
欠点　234
けれども（〜だ）　257
健脚である　258
健康　051
健康な　074☆
献身的な　226
建築中　169☆
厳密に言えば　289☆☆
賢明な　059

〔こ〕

光陰矢のごとし　001☆
幸運にも〜する　166
公園　207
後悔先に立たず　050
合格する　266
後者　120
工場　043
構成される（なる）　091
紅茶　239☆☆
幸福　092
高齢　074☆
獄死する　280
ここに（で）　033☆☆, 033☆☆☆
ここにいる　145, 145☆
個人主義者の　072
コップ　179
子供　013
子供の頃　084
断る　240
好むと好まざるとにかかわらず　171☆

コーヒー　203
頃（〜した）　031☆
困難な　055
コンピュータ　062

〔さ〕

財産　200
最善を尽くす　266
財布　100
幸いにも〜する　166
探す　248☆
昨日（さくじつ）　068
作品　101
叫ぶ　274
酒を飲む　146☆
させる（使役）　109-115
雑誌　021
寒い　049
さもないと（〜しなさい）　239, 239☆
さようならを言う　157
さらに悪いことに　177
サラリー　102
去る　063
賛成する　121
残念です　066☆, 066☆☆
散歩する　207

〔し〕

幸せ　022
幸せな　118
塩　161
仕方ない　171☆
仕方ない（〜するより）　212, 212☆
しかない　212, 212☆
叱られる　065
時間　153, 218

し～

時間がかかる　079	してしまった（過去完了）　041
時間がたつ　064	してしまった（完了・結果）　038
試験に落ちる　245	してはいけない　130☆
事件　173	してばかりいる　032
仕事　044	してはならない　134
仕事にとりかかる　033☆☆☆	しても～しても　260
仕事をする　028	してもよい頃だ　080
事故　078	しても無駄である　211, 211☆
しさえしなければ　194	自動車　112
しさえすればよい　171, 194	始動する　171
辞書　075	しないために　270
自炊する　158	しないで（～さえ）　157
静かにする　027	しないで（否定命令）　033☆☆☆
しすぎて　274☆	しないように　270, 271, 271☆
慈善家　233	しながら　281, 290
次第である　096, 097	しなくてよい　130☆
したかもしれない　140	しなければならない　132, 132☆, 185
従い　013, 171☆	しなければよかったのに　142
したことがある（経験）　038	しなさい，さもないと　239, 239☆
したところです（近接過去）　035	しなさい，そうすれば　238
したに違いない　141	死ぬ　064
したばかりです（近接過去）　035	始発のバス　239
したはずがない　139	始発列車　041
したほうがよい　145☆☆☆	自分で　122
したものだ（過去の習慣）　146, 146☆, 148	しましょうか　251
	閉まる　124
したらよいか　163, 164	事務所　028
下に（～の）　004☆☆	写真　084, 114
状態で　290	社長　189
知っている　071	社長秘書　189
失敗する　067, 081	しゃべる　146☆
実を言うと　156, 175	邪魔する　087, 194
していた（継続）　043	終電車　013☆
している（継続）　039☆	十分に　241, 272
している（行動）　030	修理する　061
している（最中）　169, 169☆	宿題　033

168

主題　172	好きなこと　185
出身である　199	好きなだけ　216☆
出世する　079	すぎる（あまりに～）　203, 203☆, 204
出発する　041	少なくとも　062
出版する　083	すぐに　009, 053, 135
準備する　159	すぐに（～すると）　189, 189☆, 191, 191☆
生涯　008	
状況　096	過ごす（時間）　061☆
上京する　043	頭上に　290☆☆
上手に　055, 215	ずっと～している（継続）　040
小説　110	ずっと～である　222☆
状態で（～した）　290	すでに　037
しようとしている　168	素晴らしい　213
しようとしている（近接未来）　033☆	すべきか　163, 164
ショー　033☆	すべきだったのに　142
少年　098	すべきである　135
食事をする　208	すべて～とは限らない　197
職務　013☆☆	住む　039☆
女性　289	する（～を...に）　022, 023
所有する　185☆☆	するくらいなら～した方がよい　145, 145☆
知らせる　189☆	
知る　018, 047, 068☆, 078, 156	することになっている（予定）　136
知るかぎり　185, 185☆	することはできない　210
試験　067	するだけでよい　171
人口　117	するために　155, 266, 267, 268, 269
真実　017, 167	するつもりです　268
信じる　151, 205☆, 212☆, 273	するというよりもむしろ～である　227
人生　103, 243☆	するといけないから　271, 271☆
親切　192, 275	するといつも　207, 207☆, 208
親切な　058, 275	するときまって　207, 207☆, 208
親切にも～してくれる　165	するところです（近接未来）　033
信用する　233	するとすぐに　189, 189☆, 191, 191☆
	するのに十分　205
〔す〕	するのも当然だ　143, 143☆
数学　145☆☆	するほど　272
好き　074☆☆, 120	するほど～ではない　205☆, 273

す〜た

するや否や　189, 189☆, 191, 191☆
するよりもむしろ〜する　221
するより仕方ない　171☆, 212, 212☆
する限り　254
する限りは　192
する時間です　153
する人は誰でも　184, 184☆
する代わりに　160
するほうがよい　145, 145☆, 170, 171☆
する理由である　180
すれば　284
すればするほど〜である　229, 230

〔せ〕

性格　265☆
成功　014, 069☆
成功する　069, 079, 243
誠実な　247
成績　139
せいで（〜の）　282, 282☆
生徒　236
征服する　288
背が高い　214, 222
席を予約する　056
せずにはいられない　088, 209
セーター　270
絶交する　180
説明する　020
世話になる　095
前日　042
前者　120
選手　213
全能の　263

〔そ〕

操作する　057

そうすれば（〜しなさい）　238
そうだ（らしい）　073
聡明な　276
そこ（場所）　025
そして，その上　177
ソーサー　179
卒業する　077, 189
備える　066
その上　177
祖父　274
そもそも　125
空（そら）　254
それが〜する理由である　180
それとも　239☆☆
それ自体　125
そろそろ〜してもよい頃だ　080
そろそろ〜だろう（近接未来）　033☆☆
尊敬する　106
存在する　289☆☆
そんなわけで〜　180
そんな風に言う　074☆☆☆

〔た〕

退院する　036
大学　189
待遇　024
怠惰な　282☆
逮捕する　280
太陽　003
高い（背が）　214
多額の金（かね）　098☆, 099
だからいっそう　233, 234
だからといって〜ということにはならない　202
宝くじ　251
だが一方　193

たくさん　004, 004☆☆☆
タクシーに乗る　132☆
だけでなく〜もまた　200, 201
だけれども　257, 257☆, 258, 263☆
確かである　068
確かに〜だが　265, 265☆
助け　243
助ける　092
尋ねる　018
訪ねる（人を）　168
訪れる（場所を）　162
だそうだ（言われる）　072
正しい　011, 011☆
ただちに（〜すると）　189, 189☆, 191, 191☆
立場　240, 246
だったらなあ　249, 250, 251
たとえ〜としても　257, 258, 259, 261, 262, 262☆, 263, 264
たとえる　103
他人　092
頼む　259, 095
頼む（しつこく頼む）　093
煙草を吸う　033☆☆☆
旅　103
たぶん〜だろう　067, 144
食べすぎる　274☆
食べる　208
他方　119
たまたま〜する　244
黙る　260
ために（〜する）　266, 267, 268, 269
ためにますます　233
誰（疑問詞）　052☆, 279
誰か　073☆
誰が〜としても　261

誰でも　184, 184☆
男性　289
だんだん〜になる　231, 232
ダンベル　127

〔ち〕

地位　104
違いない　082, 133
違いない（〜したに）　141
近い　205
父　002
知的な　265☆
注意する　206
忠告する　025, 132☆
中止する　059
ちょうど　035, 035☆
ちょうど〜しようとしている　168

〔つ〕

つい〜してしまう　209
つかむ（身体を）　116
疲れた　227
疲れる　148, 203
机　004☆☆
着く　033☆☆, 041, 189☆
伝える（メッセージを）　244
妻　022
つもりです（〜する）　268
釣りにいく　146

〔て〕

であればよいのになあ　249, 250, 251
であろうと〜であろうと　260
提案　240
出かける　168, 190
手紙　058

て〜な

できない　086, 087, 210
できない（あまりに〜なので）　203, 203☆, 204
できる　118, 127
できるだけ早く　190
でしょう（未来）　044
です（時間の表記）　048
です（曜日の表記）　052☆
手伝う　026
出ていく　157
ではなく（むしろ）〜である　198, 199
テーマ　172
出迎える　093
テレビを見る　061☆, 221
天気がよければ　288
天才　089
電車　013☆, 239☆
電話する　046, 085, 188

〔と〕

ドア　052☆
というよりもむしろ〜である　227, 228
投函する　165
同数の　216
当選する（宝くじに）　251
当然である　065, 143
到着する　033☆☆, 041, 189☆
どうであれ（結果が）　262☆
同様に　215☆
同量の　216
どう話したらよいか　164
遠い　204
通い　207
とがめる　260

時（とき）　001, 005
時の人　176
独身　008
解く（解答する）　054, 054☆, 054☆☆
時計　042, 098
どこに〜としても　264
どこへでも　186
年上の　223
図書館　004
都市　219
年をとっている　258
突然　116
撮ってもらう（写真を）　114
とても〜なので　272, 274, 275, 275☆
とても〜なので...できない　203, 203☆, 204, 276, 277
とても驚いたことには　278
徒歩で　060
友だち　017
ドレス　006☆☆
泥棒　099
どんなことが起ころうと　262
どんなに〜してもしすぎではない　206
どんなに〜でも　263
どんなものより〜である　218☆, 218☆☆
どんな規則にも例外はある　187
どんな人より〜である　224, 224☆

〔な〕

治る　238
長い　217
長生きする　289
なくす（紛失する）　037☆, 042
泣く　209, 210
なしで　157
夏　045

172

夏休み　033
何色（なにいろ）　006☆
何語〔疑問詞〕　052
何が〜としても　262
何か食べるもの　152☆
何か冷たいもの　152
何を〔疑問詞〕　030, 040☆
何をしたらよいか　163
何をしてもかまわない　194
なので　285, 282, 282☆
なのに　193, 263☆, 283
怠ける　282☆
涙を浮かべる　290☆
習う　080
ならば　286
なる（〜に）　007
なる（構成される）　091
なるほど〜だが　265, 265☆
慣れている　146☆☆, 158
何回も　252
何でも　122, 185, 185☆, 185☆☆
何にでも　032
何のかかわりもない　173

〔に〕

二階　030
似ている　012
にもかかわらず　257, 257☆, 258, 263☆, 283
入学試験　166
入浴する　029
ニュース　143
による（次第である）　096, 097
庭　073☆

〔ぬ・ね〕

盗む　098, 098☆, 099, 100
ネクタイ　237
猫　108☆
熱心な　215☆
熱心に　229
眠い　227
眠る　086
年長の　223
年（ねん）　063

〔の〕

のせいで　282, 282☆
後（のち）　202
ノックする　052☆
ノート　004☆
の方が好きだ　145☆☆
昇る　003
登る　038
飲み物　152
飲む（コーヒーを）　203
飲む（酒を）　130☆, 146☆
飲む（薬を）　238
乗り遅れる　013☆
乗る（バスに）　239

〔は〕

場合による　096
バイク　061
歯医者　119
入る　108☆, 031
倍（ばい）　217, 217☆
葉書　165
馬鹿な　273
始まる　033☆

は～ふ

はじめて（～して） 077, 078
橋 217
バス 239
はずがない 083, 129, 129☆
はずがない（～した） 139
恥ずかしい 150, 150☆
パスポート 037☆
働く 028
破綻する 289☆
パチンコをする 193
はっきりする 068☆
罰金を払う 138
発言 172
話（ストーリー） 290☆
話す 052, 055, 174, 248, 277
離れる 063
母 012
バーベル 127
速い 001, 235☆
早起きする 031☆☆, 155
早ければ早いほどよい 230
晴れていれば 288
晴れる 202, 240☆
ハンカチ 285☆
反対する 121
判断する 287
半（時間） 048
は言うまでもない 213

〔ひ〕

日当たりのよい 285
ピアノ 108
ピアノを弾く 031
比較する 101, 102
東 003
光るものがすべて金とは限らない 197

弾く（楽器を） 031, 108
ピーク（峰） 288
久しい（～が...して久しい） 064
非常階段 282
非常に～なので 272, 274, 275, 275☆
秘書 189
必要がある 056, 066, 137
必要である（～が） 134☆
必要はない 138
人たち 118
人前 146☆
人もいれば...する人もいる 121
一人で 123
ひとりでに 124
日の出 155
百聞は一見にしかず 005☆, 149
病院 036
病気である 039, 133
病気になる 274☆
病気の 007, 066☆☆, 082
美容師 115
開く（開催する） 076
昼 044
非をとがめる 260
プール 002
プールに行く 285

〔ふ〕

吹き飛ばす 100☆
覆水盆にかえらず 050
不幸な 265
婦人 071☆☆
不測の事態 066
双子の 019, 175
二人（つ）のうち～の方 237☆
不平を言う 211☆, 256

174

不満がある　256
ぶらぶらしている　160
プラン　121
フランス語　045
フランス人　006☆
振る舞う　247
降る（雨が）　040, 073
振る（ハンカチを）　285☆
プロジェクト　059
風呂に入る　029
紛失する　037☆
文章　020
分（時間）　060

〔へ・ほ〕

平気で〜できる　128
へとへとになる　148
部屋　015
勉強　066☆, 077
勉強する　045, 221
帽子　100☆
ほうである（二人のうちの）　237☆
他のどんな人より〜である　224, 224☆
ポストに入れる　165
ボタンを押す　171
ホテル　169☆
ほど（〜する）　272
ほど〜ではない　225
ほど〜ない　215
ほど〜なものはない　218, 219
ほど〜な人はいない　224☆
本　004
本当の　129, 129☆
本当のこと　017, 167
本当のことを言うと　156, 175

〔ま〕

毎朝　002
前（時間）　036
前に（〜する）　043, 079
まさに〜しようとしている　168
真面目な　222☆, 235, 236
貧しい　287
貧しい人　261
ますます〜である　229, 230, 231, 232, 233
待たせる　111
間違える　070, 140, 141
間違っていると考える　260
待つ　283
窓　023
間に合う　284
ままである　008
まるで〜のように　252, 253
満足する　210

〔み〕

見える（〜に）　286
磨きをかける（フランス語に）　268
ミスをする　081
見た目（外観）　012
道　141
見つかる　248☆
みなす（思う）　089
見抜く　276
峰　288
耳が遠い　274
ミルク　009
見る（〜が...するのを）　107
見る（テレビを）　061☆
見る（映画を）　182

み〜や・ゆ・よ

見る（物事を） **183**
見ることは信じること **149**
見分ける **019**
皆（みんな） **275, 275**☆

〔む〕

無為に過ごす **160**
迎えに行く **034**
迎える **184, 184**☆
無罪 **094**
矛盾 **289**☆☆
むしろ〜である **220, 221, 227, 228**
難しい **055, 057**
息子 **110**
娘 **080**
無駄である **211, 211**☆
無駄にする **153**☆

〔め〕

名門の出身 **177**
命令する **027, 053**
メッセージ **244**
目の届く **254**
目を閉じる **290**
面している（〜に） **015**

〔も〕

申し出 **240**
申し訳ない **111**
もし〜がなかったならば **243**
もし〜だったら **241, 248**☆☆
もし〜ならば **240, 241, 242, 243, 246, 247, 248, 286**
もし万一〜ならば **244, 245**
持ち上げる **127**
目下注目の的となっている人 **176**

最も〜である **224**☆☆**, 235, 235**☆**, 236**
最も〜でない **236**
最も〜な **218**☆**, 218**☆☆
最も〜な…である **237**
もっと早く **142**
物事 **183**
もはや〜ない **203**
もまた **215**☆
森 **290**☆☆
文句を言う **211**☆
問題 **054**

〔や・ゆ・よ〕

役者 **220**
止める（やめる） **059**
やるところです（近接未来） **033**
勇気がある **167**
友人 **017**
裕福な **031**☆**, 177**
雪が降る **240**☆☆
行方不明である **185**
譲らない **094**
ゆりかご **279, 279**☆
ユーロ **105**
良いこと **185**☆
容易な **054, 054**☆☆
容易に **054**☆
用心する **269**
ようだ（らしい） **073**☆**, 074**
幼年時代 **084**
要する（時間） **060**
よかったのに（〜しなければ） **142**☆
よく〜したものだ **146, 146**☆**, 148**
世の中 **289**☆☆
読む **110, 151**☆**, 281**
予約する **056**

より～である 222, 223
よりも～のほうが好きだ 145☆☆
よりもむしろ～である 220
喜んで 184, 184☆

〔ら・り・れ・ろ〕

来月 136
らしい 070, 071☆, 074, 074☆, 074☆☆, 075☆☆☆, 287
乱暴な 024
理解する 272, 277
陸上の選手 213
利口な 059
流暢に話す 174
両親 013
理容師 115
料理 080
例外のない規則はない 187

冷静な 262
歴史 126
レストラン 004☆☆☆
列車 041
老後 095

〔わ〕

ワイン 243☆
若者 252
忘れる 161, 192, 264, 271☆
私に関するかぎり 256
私の知るかぎり 185, 185☆, 255
詫びる 212
笑う 088
悪くなる 232
分かる 047, 163
分かる（実感する） 077
分かる（理解する） 071☆

索引〔Ⅱ〕〈英語から仏語を探すために〉

　周知の英語表現を仏語でどう言えばよいか？——それが確認できる索引が必要であるとの判断から，本書の第2の索引として「英語からの索引」を作成しました．検索対象となっているのは，"**第Ⅰ章**"の例文・補足・例文応用に載っている主要な構文と動詞，あるいは英仏の対照にとまどうと思われる語句（不定形容詞・副詞句など），さらには成句表現・諺などです．

　「文型」や「基本動詞」あるいは「助動詞」といった，「文法や語法項目」からの検索には巻頭の「目次」をご利用ください．

　注意　検索項目の後にある3桁の数字は"**第Ⅰ章**"の例文番号を示します．なお，本書内で囲み記事として扱っている語句・表現は検索対象外です．

advise **025**
ago **036**
all day long **109, 109**☆**, 160**
all that **185**☆☆**, 197**
all the better **234**
all the＋比較級＋for [because] **233, 234**
all things **218**☆☆
although **257, 257**☆
always **196, 260**
a lot of **061**☆
比較級 and 比較級 **231, 232**
命令文, and **238**
any longer **203**
any other man **224**
any other thing **218**☆
any time **033**☆☆
anyone who **184**☆
anything that **185**
apologize **212**
arrive **284**

as〔譲歩〕 **258, 263**☆
as ... as **214**
as far as **195**
as [so] far as I am concerned **256**
as far as I know **255**
as far as the eye could reach [see] **254**
as if **073, 073**☆**, 252, 253**
as long as **192, 194**
as many ... as **216**
as much as **216**☆
as soon as **189, 189**☆
as soon as possible [you can] **190**
as they are **183**
as well as **215**☆
ask **018, 026, 259**
at least **062**
at once **053, 135**

be＋doing〔往来発着の動詞〕 **033**☆☆
be＋doing〔過去進行形〕 **281**

be able to   127☆
be about to   033☆, 168
be accustomed to   158
be angry   131, 131☆
be being＋過去分詞   169☆
be busy doing   159
be cold   049, 257☆
be compared to   103
be dark   201
be doubtful of   014
be fine   202, 240☆
be foggy   201
be glad to   154
be going to   009, 033, 033☆☆☆☆, 268, 288
be ill   039, 065☆☆, 082, 133
be likely to   067, 144
be married   136
be missing   195
be obliged to do   132☆
be on one's guard   269
be on the point of   168
be reminded of   084☆
be right   011
be robbed of   098☆
be shameful to   150
be sorry that   065☆☆
be sorry to   111
be sunny   285
be sure of   069☆
be sure that   069
be surprised   143
be to do   034, 136
be true   129, 129☆
be up to   097
be used to   158

be warm   257
be worthy of   074☆☆☆
because   202
become   007, 189
before   079☆
before doing   043
before noon   044
begin   033☆☆☆☆
behave   347
believe   151, 205☆, 212☆, 233, 248, 273
blame   260
blow off   100☆
book seats   056
break one's leg   282
break with   016, 180
brush up   268
busy   159
but for   243
buy   042, 062, 075☆, 241
by one's appearance   287
by oneself   123, 124

call   046, 085, 188
can   126, 127☆, 128
cannot [can't]   083, 129, 129☆
cannot [can't]＋have＋p.p.   139
cannot … without doing   207
cannot be too   206
cannot but do   209
cannot help doing   088, 209
catch   116
catch a cold   271
certainly   068
change   137
climb   038

close 124
colder and colder 231
come 130☆☆
come across 278
come home 046, 047, 148
compare A with B 101
compared with 102
conquer 288
consider A as B 089
consist in 092
consist of 091
cost 062, 062☆
cry 050, 209, 211
cure 238
cut 115

dance 215
decide 097
depend on 095, 096
despise 261
die 064, 280
distinguish A from B 019
do 030
do one's best 266
do one's homework 033
do with 173
doing〔現在分詞〕 279
doing〔条件・仮定の分詞構文〕 248☆
doing〔分詞構文〕 282, 282☆, 283, 284, 285, 285☆', 288, 289
don't have to do 130☆☆
don't need to 138
dress in 286
drink 130☆, 146☆, 203☆
drive 112, 206

earn 229, 267
eat 208
economically speaking 289☆
enough 272☆
enough to do 165, 205, 272
—er than〔比較級〕 222, 223, 224
—est〔最上級〕 235☆
even if 259
every morning 002
every other day 029
every second day 029
every Sunday 146
explain 020

face 015
fail (in) 067
fail the examination 245
fall 282
fall down 107
fall ill [sick] 274☆
far〔比較の強調〕 222☆
find 021, 021☆, 151, 151☆, 248☆
find fault with 032
find out 276
finish 035, 035☆☆, 037, 044
for fear (that) 271
forget 192, 264, 271☆
forget doing 162
forget to do 161
from bad to worse 232
from one's appearance 287

generally speaking 289
get～ p.p. 114, 115
get angry 143☆

get dark　079☆
get in　191, 191☆
get married to　074
get to the station　041
get up　031☆☆, 155
get well　238
give　075, 152, 152☆
give up　059, 065☆
glad　154
go bankrupt　289☆
go fishing　146
go for a walk　207
go into the room　031
go on foot　060
go out　145, 145☆, 157, 191, 191☆
go out of (the) hospital　036
go to　285
go to church　208
go without doing　213
graduate from　189
guess　276

had better　145☆☆☆, 170, 170☆
had＋(just)＋p.p.　035☆, 041, 042
had＋所有物＋p.p.　100, 100☆
handle　057
happen　004☆☆, 262, 264
hardly ... when [before]　191, 191☆
have ... to do with A　172, 173
have＋(just)＋p.p.〔完了〕　035
have＋already＋p.p.〔完了〕　037
have＋p.p.〔経験〕　038
have＋p.p.〔継続〕　039
have＋p.p.〔結果〕　037☆
have a cold　170
have a feeling that　071☆

have A p.p.　114, 115
have been doing　040, 040☆
have good reason to　143☆
have no choice but to do　212☆
have only to do　171
have the courage to do　167
have the good fortune to do　166
have to do　121, 130☆☆, 132
hear　108
hear about　077
help　209
hold　076
How about doing　251☆
how long　039
how to do　164
however　263
hurry up　132, 170☆, 239, 239☆

I am sorry to　111
I am sure of　069☆
I am sure that　069
I am very sorry that　065☆☆
if〔仮定法過去〕　240
if〔仮定法過去＋仮定法過去完了〕　242
if〔仮定法過去完了〕　241
if〔仮定法未来〕　244
if〔条件〕　240☆
if〔接続詞：名詞節〕　018
if ... should　244
If＋S＋V！〔仮定法過去〕　251
if it were not for　243☆
If only　249, 250
impossible　129☆
in itself　125
in one's old age　095

in one's place **246**
in one's position **240**
in oneself **125**
in order that **269**
in order to **155, 267**
in public **146**☆☆
in time **284**
in vain **211**☆
insist **093, 094**
instead of **160**
it〔形式主語〕 **050**
it〔時間〕 **048**
it〔天候〕 **049**
it〔曜日〕 **052**☆
It appears that **074**
It costs＋(人)＋お金＋to do **062**
It goes without saying that **213**
It has been [is]＋時間＋since＋S＋V **063, 064, 064**☆
It is ... that [who]〔強調構文〕 **075, 075**☆**, 076**
It is certain that **082**
It is no use crying over spilt milk. **050**
It is no use doing **050, 211**
It is not until ... that **077, 078**
It is possible that **081**
It is time that **080**
it is true ..., but **265**
It is up to＋人＋to do **097**
It is＋形容詞＋(for＋人)＋to do **054, 055, 056, 057, 066**
It is＋形容詞＋(of＋人)＋to do **058, 059**
It is＋形容詞＋that＋S＋(should)＋do **065**

It is＋名詞＋that＋S＋(should)＋do **065**☆
It looks as if **073**
It may be that **081**
It must be that **082**
It seems (to＋人)＋that **070, 071**
It sounds as if **073**☆
It takes＋(人)＋時間＋to do **060**
It will be a long before **079**

Judging from **287**

keep **023, 120**
keep A from doing **086, 087**
keep A waiting **111**
knock **052**☆☆
know **047, 071, 156, 163, 260**☆**, 283**

last year **162**
laugh **088**
learn to do **080**
leave **023, 063, 168**
leave〔使役動詞〕 **113**
leave (the) hospital **036**
leave me alone **194**
leave school **077**
lend **270**
less ... than **225**
less A than B **227**
lest **271**
let **112, 189**
lift **126**
like doing **010**
like to do **010**
likely **144**

listen **211**☆
listen to music **290**
listen to the radio **281**
live **289**
look **073, 286, 287**
look on A as B **089**
look out onto **015**
lose **037**☆, **042, 200**
love **074**☆☆, **275, 275**☆

make **022, 109, 109**☆, **110, 110**☆
make a bet on **242**
make a mistake **081, 140**
many times **253**
marry **136**
may **081, 130, 130**☆, **131, 186**
may as well **145**
may not **130**☆
may well **143, 144**
may＋have＋p.p. **140**
meet **034, 154**
meet A at the station **093**
might＋have＋p.p. **140**
miss **239, 239**☆
more … than〔比較級〕 **218**☆, **224**
more (of) B than A **220, 228**
　B, not A **199**
mot so much as A as B **220**
much〔比較の強調〕 **222**☆
must **082, 132, 133, 134, 185**☆
must ＋have＋p.p. **141**
mustn't **134**

need **134**☆
need not **138**
need to do **137**

never **255**
never … but **207**☆
never … without doing **207**
next month **136**
No＋名詞＋V＋so … as **219, 224**☆
no less … than **226**
no sonner … than **191, 191**☆
no use＋doing **050**
not … any **153**
not … any longer **203**
not … enough to do **205**☆
not A but B **198**
Not a day passes but she calls me. **188**
not A so much as B **220**
not always **196**
not as [so] … as **215**
not B (just) because A **202**
not only … but also **200, 201**
not so … as to do **273**
not to mention **174**
nothing **173, 218**
Nothing＋V＋more … than **218**
Nothing＋V＋so … as **218**

obey **013, 171**☆
oblige **132**☆
of all **224**☆☆
of all things **218**☆☆
one〔不定代名詞主語〕 **051**
one … the other **119**
oneself **121, 123, 124, 125, 126**
only **200, 201**
open **285**☆
命令文, or **239**
or **239**☆☆

order   **027, 053**
otherwise   **239**☆
ought to＋have＋p.p.   **142**
ought to   **135**
owe A to B   **104, 104**☆**, 105, 106**

p.p.〔過去分詞〕   **280**
p.p.〔過去分詞構文〕   **286**
pass   **166, 188, 266**
pass through   **207**
pay   **138**
People say that   **072**
play＋スポーツ〔遊戯〕   **030**☆**, 193**
play the＋楽器   **031, 031**☆☆☆**, 108**
possess   **185**☆☆
possible   **131**☆
post   **165**
prefer   **145**☆**, 145**☆☆
prepare   **159**
prevent A from doing   **086, 087**
protest   **211**☆
provide   **065**
publish   **083**
push   **171**
put   **271**☆

rain   **040, 073, 202, 207**☆
rather than   **220, 221**
read   **110, 110**☆
realise   **077**
refuse   **240**
regard A as B   **024, 089**
remark   **172**
remind A of B   **084**
remind A to do   **085**
repaire   **061**

repeat   **125**
resemble   **012**
rob A of B   **098**

satisfy   **210**
say   **128, 142**☆**, 213**
scarcely…when [before]   **191, 191**☆
scold   **066**
see   **064**☆**, 107, 108**☆**, 154**
Seeing is believing.   **005**☆**, 149**
seem   **070, 071, 071**☆☆**, 074, 074**☆**, 074**☆☆**, 287**
seem (to be)   **071**☆☆
seem to do   **074**☆☆
set   **171**
set out   **153**
shall＋have p.p.   **044**
should   **135**
should＋have＋p.p.   **142**
should not＋have＋p.p.   **142**☆
shout   **274**
since   **040**
sit up till late   **170**
sleep   **086**
smoke   **033**☆☆☆
snow   **240**☆☆
so as to do   **155, 267**
so…as to do   **272**
so…that…cannot   **204, 277**
so…that   **274, 275**☆
so far as   **195**
so long as   **194**
so much that   **274**☆
so that   **269**
so that…not   **270, 271**☆
solve   **054**

to be sure　**265**☆
to do〔仮定〕　**248**
to do〔副詞用法：目的〕　**266**
to one's great surprise　**278**
To see is to belive.　**149**
to tell the truth　**156, 175**
too ... to do　**203, 203**☆**, 276**
true　**265**
twice as ... as　**217**☆

understand　**071**☆**, 195**☆**, 272, 277**
unless　**240**☆☆
used to　**031**☆☆**, 146, 146**☆**, 146**☆☆

vainly　**211**☆
visit　**168**

wait for　**283**
walk　**060, 073**☆**, 204, 205, 290**☆☆
want　**216**☆
waste　**153**☆
watch television　**221**
wave　**285**☆
weather permitting　**288**
welcome　**184. 184**☆
well off　**177**
what〔関係代名詞〕　**118**
A is to B what[as] C is to D　**179**
What are you doing?　**169**
What do [would] you say to doing　**251**☆
What do you think of A?　**090**
what is more　**177**
what is worse　**178**
what language　**052**
what to do　**163**

what we call　**176**
what you like　**194**
whatever〔副詞節〕　**262, 262**☆
whatever〔名詞節〕　**185, 185**☆
when〔接続詞：副詞節〕　**031**☆**, 031**☆☆**, 041, 046**
when〔接続詞：名詞節〕　**047**
when(ever)　**084**☆
wherever　**186, 208, 264**
whether　**260, 260**☆
while　**192, 193**
while doing　**281**
who〔関係代名詞〕　**118, 279**☆
who〔疑問詞〕　**279, 279**☆
whoever　**184, 261**
why　**180**
will＋have been doing　**045**
will＋have p.p.　**044**
win　**251, 255**
wish　**249**
with〔付帯状況〕　**290, 290**☆**, 290**☆☆
with pleasure　**184, 184**☆
with the intention of doing　**268**
without　**243**
without saying good-by(e)　**157**
wonder　**164**
work　**028, 043, 087, 109, 109**☆**, 252**
worse and worse　**232**
would〔仮定法〕　**246, 247**
would〔過去の習慣〕　**031**☆
would [often]　**148**
would have＋p.p.〔仮定法〕　**248**☆☆
would rather　**145**
Would you like ... ?　**239**☆☆
write　**058**

第 II 章

〈仏英対照〉 重要表現（接続詞句・前置詞句） 95

第 I 章では扱わなかった接続詞句や前置詞句を，あるいは特に混乱が生じやすい表現や，時制（法）とのからみで（あるいは英語との関連で）再度触れておくべきだと判断した表現を，仏語の alphabet 順にマトメたものです．なお，☞ のマークは本書第 I 章の参照箇所を示しています．

―――――――――――[A]―――――――――――

◆ 01　à (la) condition que＋〔接続法〕：～という条件で
□ 君が5時までに帰宅するなら出かけてもよい．
Tu peux sortir à (la) condition que tu rentres avant cinq heures.
You can go out on condition (that) you come back by five.

＊〈under (the) condition (that)〉という米語の言い方もある．仏語では接続法（ときに直説法未来形）が使われる．なお 囚〈à (la) condition de＋*inf.*〉で句に書きかえられる．
囚 Tu peux sortir à (la) condition de rentrer avant cinq heures.

◆ 02　à force de＋*inf.*：大いに～したので，多くの～のおかげで
□ 一生懸命に働いたので父は成功した．
A force de travailler, mon père a réussi.
By means of [By dint of] hard work, my father succeeded.

＊囚〈à force de＋名詞〉の形でも使われる．

◆ 03　à mesure que＋〔直説法〕：～に応じて，～につれて
→ 〔参照〕13　au fur et à mesure que
□ 人は年をとるにつれて忘れっぽくなる．
A mesure qu'on avance en âge, on devient oublieux.
As one gets [grows] old, one becomes forgetful.

＊例文の「年をとるにつれて」の箇所を，たとえば 囚〈à proportion de son âge〉，英〈in proportion to one's age〉と書くこともできる．

◆ 04　à moins que＋(ne)＋〔接続法〕：～でなければ
□ 渋滞していなければ，私たちはそこに時間どおりに着くでしょう．
Nous y arriverons à temps à moins qu'il n'y ait un embouteillage.
We will arrive there in time unless there is a traffic jam.

~ ainsi que

◆ **05** à peine：〜するとすぐに，〜するや否や　☞ 例文 191
→ 〔同意〕15 aussitôt que / 38 dès que
□ 彼が外に出るや否や雪が降りだした．

A peine était-il sorti qu'il a commencé à neiger.

Hardly [No sooner] had he left home when [than] it began to snow.

* 🏛〈à peine〉が文頭に置かれると多くは主語と動詞が倒置され後続節に que を用いる展開になる．ただし，この言いまわしは文章体なので，単純過去・前過去が使われるケースも多い．05 の例であれば，〈A peine fut-il sorti qu'il commença à neiger.〉となる．一般には〈aussitôt que〉〈dès que〉が使われる．

◆ **06** à supposer que＋〔接続法〕：〜であると仮定して　☞ 例文 245
□ その仕事を勧められたと仮定してあなたは引き受けますか．

A supposer que l'on vous propose ce travail, l'accepterez-vous ?

Suppose [Supposing] (that) you are offered the job, will you accept it ?

* 🏛〈en supposant que〉などの表現もある．

◆ **07** afin que＋〔接続法〕：〜するために　☞ 例文 269
→ 〔同意〕68 pour que
□ 彼女がタクシーに乗れるように，私は 20 ユーロ貸した．

Je lui ai prêté 20 euros afin qu'elle puisse prendre un taxi.

I lent her 20 euros so that she could take a taxi.

◆ **08** ainsi que＋〔直説法〕：〜のように，〜のとおりに
□ あなたの好きなようになさい．

Faites ainsi qu'il vous plaira.

Do as you please.

◇ A ainsi que B：B と同じく A も　☞ 例文 215☆
□ 兄〔弟〕と同じくポールは頭のよい少年だ．

Paul, ainsi que son frère, est un garçon intelligent.
Paul, as well as his brother, is an intelligent boy.

＊ただし，仏語では通例〈comme〉を用いる形が好まれる．この例文はいささか文語的な表現．

◆ **09–(1)**　alors que＋〔直説法〕：～であるのに；～であるのに対して
□ 医者が禁じていたのに彼女は外出した．
Elle est sortie alors que le médecin le lui avait interdit.
She went out although the doctor had told her not to.

□ 私が一生懸命仕事をしていたのに（対して），彼は休んでいた．
Alors que je travaillais dur, il se reposait.
While I was working hard, he was resting.

◆ **09–(2)**　alors que＋〔直説法〕：～のときに
□ ちょうど出かけようとしていたときに友だちがやって来た．
Mon ami(e) est arrivé(e) alors que je partais.
My friend arrived (just) as [when] I was leaving.

◆ **09–(3)**　alors (même) que＋〔条件法〕：たとえ～でも
□ たとえ君が謝っても許してあげない．
Alors (même) que tu me demanderais pardon, je ne te pardonnerais pas.
Even if you apologized (to me), I wouldn't forgive you.

◆ **10**　après que＋〔直説法〕：～した後で
□ 電話をしてから教授に会いに行きなさい．
Allez voir le professeur après que vous lui aurez téléphoné.
Go to see the professor after you have phoned him.

＊仏語は不定詞を用いて〈après lui avoir téléphoné〉と書くこともできる．なお，英語の〈after you have phoned him〉に使われている現在完了形は未来完了のニュアンスを帯びる．英語では時を表わす副詞節中では未来時制は用いられない．

～ aussi … que

◇ d'après：～によれば
□ 彼の言うところによれば，あれは間違えです．
D'après lui, c'est une erreur.
According to him, that is a mistake.

◆ 11　assez＋〔形容詞・副詞〕＋pour＋*inf.*：～するのに十分な…
☞ 例文 205, 273
□ 彼はそれを信じるほど馬鹿ではない．
→〔参照〕92　trop＋〔形容詞・副詞〕＋pour＋*inf.*
Il n'est pas assez sotte pour le croire.
He isn't so foolish as to believe it.

◆ 12　au cas [dans le cas] où＋〔条件法〕：～の場合には，もし～ならば
→〔参照〕42　en cas de
□ 雨が降った場合には今晩のコンサートは中止でしょう．
Au cas où il pleuvrait, le concert de ce soir sera annulé.
If it rains, this evening concert will be canceled.
＊囚〈Au cas où il pleuvrait〉は〈En cas de pluie〉と句で書きかえられる．

◆ 13　au fur et à mesure que＋〔直説法〕：～に応じて，～につれて
→〔参照〕03　à mesure que
□ 私はその小説を読み進めるにつれて眠気を催していった．
Au fur et à mesure que je lisais ce roman, j'avais sommeil.
As I was reading the novel, I was feeling sleepy.

◆ 14　aussi＋〔形容詞・副詞〕＋que＋〔接続法〕：どんなに～であっても
☞ 例文 263
□ 彼がどんなに金持ちでも幸せそうには見えない．
Aussi riche qu'il soit, il ne semble pas heureux.
Rich as [though] he is, he doesn't look happy.

◇ aussi bien que：～と同じく，同様に　☞ 例文 215☆
□ 彼女は姉〔妹〕と同じく地下鉄で学校に通っている．
Elle, aussi bien que sa sœur, va à l'école en métro.
She, as well as her sister, goes to school by subway.

＊仏語は〈Elle va à l'école en métro comme sa sœur.〉とする方が口語的.

◇ aussi longtemps que：～する限り，～の間　☞ 例文 192
□ 私が生きている限り，君に不自由はかけない.
Aussi longtemps que je vivrai, tu ne manqueras de rien.
As long as I live [am alive], you will want for nothing.

◆ **15**　aussitôt que＋〔直説法〕：～するとすぐに，～するや否や　☞ 例文 189
□ 家を出た途端に雨が降りだした.
Aussitôt que je suis parti(e), il a commencé à pleuvoir.
As soon as I left home, it began to rain.

◆ **16**　autant (de) ～, autant (de) …：～と同じほどに…
□ 君が彼を愛しているのと同じくらい彼は君を憎んでいる.
Autant tu l'aimes, autant il te hait.
He hates you as much as you love him.

◆ **17-(1)**　autant que＋〔直説法〕：～であるだけ，～の範囲内で
□ 彼は精一杯仕事をしている.
Il travaille autant qu'il peut [qu'il est possible / que possible].
He is working as hard as he can [possible].

◆ **17-(2)**　autant que＋〔接続法〕：～の限りでは　☞ 例文 195, 255
□ 私の知る限りあの男は愚かではない.
Cet homme n'est pas bête, autant que je sache.
That man isn't foolish, as far as I know [for all I know].

◆ **18**　aux dépens de：～を犠牲にして，～の負担で
□ 彼は健康を犠牲にして仕事をなし遂げた.
Il a accompli son travail aux dépens de sa santé.
He has completed his work at the expense of his health.

＊仏〈au prix de〉，英〈at the cost of〉もほぼ同意.

◆ 19　avant de + *inf.* : 〜する前に
□ 私は返事をする前にそのことをよく考えた.

J'y ai bien réfléchi avant de donner ma réponse.
I thought it over before giving my reply.

◆ 20　avant que + (ne) + 〔接続法〕: 〜する前に，〜しないうちに
□ 暗くなる前に家に帰らなくてはなりません.

Je dois rentrer avant qu'il fasse nuit.
I have to go home before it gets dark.

──────────── 〔B〕〔C〕 ────────────

◆ 21　bien que + 〔接続法〕: 〜にもかかわらず　☞ 例文 257
□ 彼の祖父は年をとっているがいまだに仕事をしている.

Bien que son grand-père soit vieux, il travaille encore.
Though his grandfather is old, he is still working.

◆ 22　ce n'est pas la peine de + *inf.* / que + 〔接続法〕: 〜しても無駄だ
　〜するには及ばない
□ やってみても無駄です（やってみるには及ばない）.

Ce n'est pas la peine d'essayer.
It's no use trying.

◆ 23　cependant que + 〔直説法〕: (1) 〜している間に　(2) 〜なのに
　→〔同意〕(1) 64 pendant que + 〔直説法〕　(2) 84 tandis que + 〔直説法〕

◆ 24　ce que ... de plus + 〔形容詞〕: 最も〜なもの
□ これは私が最も大事にしているものだ.

C'est ce que j'ai de plus précieux (au monde).
It's (much) the most precious thing I possess.

　＊仏語文章末に置かれた〈au monde〉は最上級を強調する表現.

◆ **25**　chaque fois que＋〔直説法〕：～するたび(ごと)に
　→〔同意〕toutes les fois que＋〔直説法〕
□ 君に会うたびに私は自分の母のことを思います．

> **Chaque fois que je te vois, je pense à ma mère.**
> **Each [Every] time I see you, I think of my mother.**

◆ **26**　comme si＋〔直説法半過去・大過去〕：まるで～のように　☞ 例文 252
□ 父はまるで 20 歳の青年のように元気いっぱいだ．

> **Mon père est plein d'énergie comme s'il avait vingt ans !**
> **My father is full of energy as if he were twenty.**

――――――――――――〔**D**〕――――――――――――

◆ **27**　d'autant plus [moins] que＋〔直説法〕：～だからいっそう　☞ 例文 233
□ 彼女は息子の体が弱かったのでいっそう彼を甘やかした．

> **Elle a gâté son fils d'autant plus qu'il était physiquement faible.**
> **She spoiled her son all the more because he was physically weak.**

　◇ d'autant plus＋〔形容詞〕：それだけに一層
　□ この絵はその色合いのせいでますます珍しい．

> **Les couleurs de ce tableau le rendent d'autant plus rare.**
> **This picture is all the rarer for its colours.**

＊英語の for 以下で示される理由「その色彩のせいで」が，仏語では主語になっている点に注意．動詞〈rendre〉を用いて「その絵の色がそれをますます珍しくさせる」が直訳になる文．

◆ **28**　d'autant que＋〔直説法〕：～だから，～であるだけに
□ あなた(方)は金持ちなのだからあの別荘をお買いになるべきです．

~ de peur que

Vous devriez acheter cette villa, d'autant que vous êtes riche(s).
You ought to buy that villa, (more) especially as you are rich.

◆ 29　de crainte que+(ne)+〔接続法〕：～するといけないから　☞ 例文 271
　→〔同意〕35　de peur que+(ne)+〔接続法〕

◆ 30　de façon à+*inf.*：～するように
□ 彼の邪魔をしないように静かになさい．
Tenez-vous tranquille(s) de façon à ne pas le déranger.
Keep [Be] quiet so as not to disturb him.

◆ 31　des fois que+〔条件法〕（〔接続法〕）：ひょっとしたら～だから
□ ひょっとすると彼女が来るかもしれないからここで待っていよう．
Attendons ici, des fois qu'elle viendrait [vienne].
Let's wait here in case she comes.

◆ 32　de (telle) façon que+〔接続法〕：～であるように
□ 聞こえるようにもっと大きな声で話してください．
Parlez plus fort de (telle) façon qu'on vous entende.
Talk louder so that we may hear you.

◆ 33　de manière à+*inf.*：～するように
　→〔同意〕30　de façon à+*inf.*

◆ 34　de (telle) manière que+〔接続法〕：〔結果として〕～するように
　＊de manière (à ce) que+〔接続法〕は目的（～するために）を表す．

◆ 35　de peur que+(ne)+〔接続法〕：～するといけないから　☞ 例文 271
□ 電話がかかってくるといけないので私は家にいます．
Je reste à la maison de peur que le téléphone (ne) sonne.
I stay at home for fear that the telephone should ring.

◆ **36** de plus [moins] en plus [moins]：ますます，しだいに
□ 天気がしだいに良くなっている．

Il fait de plus en plus beau.
The weather is getting better and better.

◆ **37–(1)** de quoi＋*inf.*：〜するのに必要なもの
□ 彼女は生活していけるだけのもの（暮らすのに必要なもの）を持っていない．

Elle n'a pas de quoi vivre.
She doesn't have enough to live on.

□ 何か飲み物を持ってきてください．

Apportez-moi de quoi boire, s'il vous plaît.
Bring me something to drink, please.

◆ **37–(2)** de quoi＋*inf.*：〜する理由（動機）
□ 心配することは何もありません．

Il n'y a pas de quoi s'inquiéter.
There is nothing to worry about.

◆ **38** de (telle) sorte que＋〔接続法〕：(1) 〜であるように　(2) その結果〜
→〔同意〕(2) 81 si bien que＋〔直説法〕

◆ **39** dès que＋〔直説法〕：〜するとすぐに，〜するや否や ☞ 例文 189
→〔同意〕15 aussitôt que＋〔直説法〕

◆ **40** d'une (telle) façon que＋〔直説法〕：〜なので
□ 雨が激しく降っていたので家にとどまらざるを得なかった．

Il pleuvait d'une telle façon que j'ai été obligé(e) de rester à la maison.
It was raining so hard that I had to stay indoors.

~ faire en sorte que

──────〔E〕〔F〕〔J〕〔L〕──────

◆ 41　en attendant de＋*inf.* / que＋〔接続法〕：～するまで
□ 夫が職を見つけるまで私は働かなくてはならない．

Je dois travailler en attendant que mon mari trouve un emploi.

I have to work until my husband finds [gets] a job.

◆ 42　en cas de：～の場合には
　→〔参照〕12　au cas [dans le cas] où＋〔条件法〕
□ 地震の場合にはガスをしめてください．

En cas de tremblement de terre, fermez le gaz.

If there is an earthquake, turn off the gas.

◆ 43　en raison de：～のために（理由）
□ 彼らは雨のために遅れて着いた．

Ils sont arrivés en retard en raison de la pluie.

They arrived late owing to [because of] the rain.

＊囚〈à cause de〉〈par suite de〉もほぼ同じ意味を表す成句．

◆ 44　encore que＋〔接続法〕：～にもかかわらず
　→〔同意〕21　bien que＋〔接続法〕

◆ 45　faire en sorte que＋〔接続法〕：～するようにする
□ あなたの生徒たちが間違いをしないように気をつけなさい．

Faites en sorte que vos élèves ne fassent pas de faute.

See to it that your pupils don't make a mistake.

◇ faire en sorte de＋*inf.*：～するようにする（＝essayer de＋*inf.*）
□ 定刻に着くようになさい．

Fais en sorte [Essaie] d'arriver à l'heure.

Try to be there on time.

◆ 46　jusqu'à ce que＋〔接続法〕：～するまで

□ メアリー〔マリー〕，私が戻るまでここにいなさい．

Marie, reste ici jusqu'à ce que je revienne !
Mary, stay here until I come back !

◆ 47　(bien) loin que＋〔接続法〕：～するどころか〔文章語〕

□ この提案は彼に気に入ってもらえるどころか怒らせてしまった．

Loin que cette offre lui plaise, elle lui a fait peur.
Far from appealing to him, this proposal frightened him.

＊囚〈Loin de lui plaire, cette offre lui a fait peur.〉と句を用いる方がもっと自然な言いまわしになる．

◇ (être) loin de＋*inf.*：～するどころではない

□ 彼の小説は満足どころかまったく不満だ．

Son roman est loin d'être satisfaisant.
His novel is far from (being) satisfactory.

◆ 48　lors même que＋〔条件法〕：かりに（たとえ）～としても

□ たとえ君が反対しても私たちは計画を進めます．

Nous ferons avancer notre projet, lors même que tu t'y opposerais.
We will further our project, even though you may be opposed to it.

―――――――――――〔N〕―――――――――――

◆ 49　n'avoir pas à＋*inf.*：～する必要はない

□ そのことはご心配には及びません．

Vous n'avez pas à vous soucier de cela.
You don't have to [There is no need to] worry about that.

◆ 50　n'avoir plus qu'à＋*inf.*：もはや〜するしかない
□ もう辛抱強く待つしかない．

On n'a plus qu'à attendre avec patience.
We will just have to wait with patience.

◆ 51　n'avoir qu'à＋*inf.*：〜しさえすればよい
□ あなたは私に電話をくれさえすればよい．

Vous n'avez qu'à me téléphoner.
You have only to give me a ring.

＊この例では英語を〈All you have to do is (to) call me.〉と書きかえることもできる．

◆ 52　ne pas 〜 mais …：〜ではなく…である　☞ 例文 198
□ それは私のせいではなくて（たしかに）あなたのせいだ．

Ce n'est pas ma faute, mais (bien) la vôtre.
It isn't my fault, but (definitely) yours.

◇ 〜 mais non pas …：〜ではあるが…ではない
□ 彼女は尊敬されてはいるが愛されてはいない．

Elle est respectée mais non pas aimée.
She is respected but not loved.

◆ 53　ne pas moins … que 〜：〜に劣らず〔同様に〕…だ
□ 鉄は金に劣らず貴重だ．

Le fer n'est pas moins précieux que l'or.
Iron is no less precious than gold.

＊仏〈aussi … que〉, 英〈as … as〉という同等比較に相当する．

◆ 54　ne pas plus … que 〜：〜と同様に…ではない
□ 彼は私と同様に金持ちではない．

Il n'est pas plus riche que moi.
He is no richer than I am.

＊仏〈aussi pauvre que〉, 英〈as poor as〉で書きかえられる．

◆ **55** ne pas 〜 sans que＋〔接続法〕：〜すればかならず...する ☞ 例文 188
□ 1日として彼が恋人に電話しない日はない.
> **Il ne se passe pas de jour sans qu'il (ne) téléphone à son amie.**
> **A day never passes without his calling his girlfriend.**

◆ **56** ne pas si 〜 que＋〔接続法〕：〜するほど...ではない
□ 私はそれがわからないほど馬鹿ではない.
> **Je ne suis pas si bête que je ne puisse (pas) le comprendre.**
> **I am not so stupid that I cannot understand it.**

◆ **57** non moins (...) que 〜：〜と同様に〔劣らず〕...
□ 彼女は姉〔妹〕に劣らず称賛に値する.
> **Elle mérite des éloges, non moins que sa sœur.**
> **She deserves praise quite as much as her sister.**

◆ **58** non plus que 〜 ne：〜と同様に...ではない
→ 〔同意〕63 pas plus que 〜 ne

◆ **59** non (pas) que＋〔接続法〕：〜というわけではないが
□ 価値があるというわけではないが私はこの人形に愛着を持っている，でもそれは母のものだ.
> **Je tiens à cette poupée, non qu'elle ait de la valeur, mais c'est celle de ma mère.**
> **I'm fond of this doll, not that it's of any great value, but it's my mother's.**

＊囚〈non parce que＋〔直説法〕〉と同意.

◆ **60** non seulement 〜 mais (aussi / encore) ...：〜だけでなく...も
☞ 例文 200
□ 我々は日本市場だけでなくアジア市場の一部も奪取したい.
> **Nous voulons conquérir non seulement le marché japonais, mais encore des parts du marché asiatique.**
> **We want to capture not only the Japanese market, but also part of the Asian market.**

~ pendant que

─── [O] ───

◆ **61**　où que＋〔接続法〕：どこへ〔で〕〜しても　☞ 例文 264
□ 君がどこにいようとも僕はいつも君のことを思っている．

Je pense toujours à toi où que tu te trouves.
I always think of you wherever you happen to be.

◆ **62**　outre que＋〔直説法〕：〜だけでなく
□ 彼は世話好きであるだけでなくとても有能でもある．

Outre qu'il est serviable, il est aussi très efficace.
Apart from being obliging he is also very efficient.

＊〈apart from〉を「〜だけでなく」の意味で使うのは主に英語．米語ならば〈Not only is he obliging but he's also very efficient.〉といったように **60** と同じ構文が使われることが多い．

─── [P] ───

◆ **63**　pas plus que 〜 ne ：〜と同様に...ではない
□ さまざまな障害と同様に病気も私を打ち負かせなかった．

Les maladies, pas plus que les obtacles, n'ont pu me vaincre.
Neither diseases nor difficulties could defeat [vanquish] me.

◆ **64**　pendant que＋〔直説法〕：〜している間；〜しているのに　☞ 例文 193
□ 彼が紅茶を入れている間，私はよくテレビを見ていたものだ．

Pendant qu'il faisait le thé, je regardais la télé.
While he was making tea, I watched [would watch] TV.

□ 私がひどく苦しんでいるのに君は遊んでいるのかい．
→〔同意〕09–(1) alors que / 84 tandis que

Tu t'amuses pendant que je souffre beaucoup !
You are having a good time while I'm in a lot of pain !

◆ **65**　plus [moins] 〜 plus [moins] … : 〜であればあるだけますます…

☞ 例文 229

□ 飲めば飲むほど喉が乾くものだ．

Plus on boit, plus on a soif.
The more we drink, the thirstier we are.

◆ **66**　plus que＋〔名詞〕: 〜以上のもの

□ 問題があるどころの騒ぎじゃない，一大事だよ．

C'est plus qu'un problème, c'est une catastrophe !
It's more than just a problem, it's a disaster !

◇ plus que＋〔形容詞・副詞〕: このうえなく〜な

□ 私たちは極めて満足のいく成果をあげた．

On a obtenu des résultats plus qu'honorable.
Our results were more than decent.

◆ **67**　pour peu que＋〔接続法〕: 少しでも〜であると

□ 少しでも寒いとクロードは風邪をひく．

Pour peu qu'il fasse froid, Claude s'enrhume.
At the least touch of cold, Claud catches a cold.

◆ **68**　pour que＋〔接続法〕:〔目的〕〜であるため（よう）に；〔因果関係〕〜なので（従って）　☞ 例文 269, 271☆

□ 終電に間に合うように君はすぐに出掛けなければならない．

Tu dois partir tout de suite pour que tu attrapes le dernier train.
You must go at once so that you can catch the last train.

□ 彼はもう大きいから母親は彼を一人で学校に行かせられる．

Il est assez grand pour que sa mère le laisse aller tout seul à l'école.
He is old enough for his mother to let him go to school by himself.

◆ **69**　pour＋〔形容詞・副詞〕＋que＋〔接続法〕：いかに～でも〔文章語〕
□ 彼は貧乏なのに，それでもとても気前がよい．☞ 例文 263*

Pour pauvre qu'il soit, il est cependant très généreux.
Poor as [though] he is, he is still very generous.

◆ **70**　pourvu que＋〔接続法〕：～しさえすれば，～であれば；（独立節で）
～であればよいのだが ☞ 例文 194
□ ケガさえしなければ君の好きなことをしてかまわない．

Fais tout ce que tu veux pourvu que tu ne te blesses pas.
Do what you please provided (that) [as long as] you don't hurt yourself.

□ 彼女がここに来てくれればなあ．

Pourvu qu'elle vienne ici !
I do hope she will come here !

─────────────── 〔**Q**〕 ───────────────

◆ **71**　quand (bien) même＋〔条件法〕：たとえ～でも
□ たとえ君が何度言ってもそれでも彼女は忘れるだろう．

Quand (bien) même tu lui dirais plusieurs fois, elle oublierait toujours.
Even if you told her several times, she would still forget.

◆ **72**　quant à ～：～に関しては，～については
□ 私としては（私に関しては）あなたに賛成です．

Quant à moi, je suis d'accord avec vous.
As for me [As far as I'm concerned], I agree with you.

◆ **73–(1)**　quelque＋〔名詞〕＋que[qui]＋〔接続法〕：どんな～でも
□ どんな激情が彼を揺さぶっても彼はいつも落ちついているように見える．

Quelque passion qui l'agite, il paraît toujours calme.
Whatever passion agitates him, he always appears calm.

◆ **73-(2)** quelque＋〔形容詞〕＋que＋〔接続法〕：どれほど〜でも ☞ 例文 263
□ あなたがどんなに頭が良くてもこの問題は解けないでしょう．

Vous ne pourrez pas résoudre ce problème, quelque intelligent(e) que vous soyez.
You won't be able to solve this problem, however intelligent you may be.

◆ **74** qui que＋〔接続法〕：(たとえ) 誰であろうと ☞ 例文 261
□ 君が誰の話を聞こうと，うまい言葉にのせられるな．

Qui que tu écoutes, ne te laisse pas influencer par de belles paroles.
Whoever [No matter who] you listen to, don't let yourself be influenced by fine words.

◆ **75** quoi que＋〔接続法〕：(たとえ) 何が(を)〜としても ☞ 例文 262
□ たとえ彼が何と言おうと僕は彼を信じない．

Quoi qu'il dise, je ne compte pas sur lui.
Whatever [No matter what] he may say, I don't trust him.

◆ **76** quoique＋〔接続法〕：〜にもかかわらず ☞ 例文 258
□ このドレスは値段は高いけれど美しくない．
　→ 〔同意〕21 bien que＋〔接続法〕

Cette robe n'est pas belle, quoiqu'elle coûte cher.
This dress is not beautiful, though it costs a lot.

──────────────── 〔S〕 ────────────────

◆ **77** sans que＋〔接続法〕：〜することなしに
□ スザンヌ〔スーザン〕は母親の知らないうちに外出した．

Suzanne est sortie sans que sa mère le sache.
Susan went out without her mother's knowing it.

◆ 78　sauf que＋〔直説法〕：〜を除けば，〜を別とすれば
□ ずっと雨が降っていたことを別とすると万事都合よく運んだ．

Tout s'est bien passé, sauf qu'il a plu tout le temps.
Everything went well, except (that) it rained all of the time.

◇ sauf si [quand]＋〔直説法〕：〜であるなら別だが，〜の時を除いて
□ 雨が降らないかぎり行きます．

J'irai sauf s'il pleut.
I will go unless it rains.

◆ 79　selon que＋〔直説法〕：〜に従って，応じて
□ 彼の機嫌は晴れか雨かで変わります．

Son humeur change selon qu'il fait beau ou qu'il pleut.
His humo(u)r changes depending on whether it's fine or rainy.

◆ 80–(1)　si 〜 que＋〔直説法〕：とても〜なので... ☞ 例文 274
□ 父はとても疲れていたので早く寝た．

Mon père était si fatigué qu'il est allé au lit de bonne heure.
My father was so tired that he went to bed early.

◆ 80–(2)　si 〜 que＋〔接続法〕：どんなに〜としても ☞ 例文 263
□ たとえあなたがどんなに金持ちでも金で幸福は買えない．

Si riche que vous soyez, vous ne pouvez pas acheter le bonheur.
However rich you may be, you cannot buy happiness with money.

◆ 81　si bien que＋〔直説法〕：その結果〜，だから〜
□ 私が地図を読めないせいで私たちは道に迷ってしまった．

Je ne sais pas lire une carte, si bien que nous nous sommes perdu(e)s.
I cannot read a map, so that [and so] we got lost.

◆ **82**　soit que＋〔接続法〕, soit [ou] que＋〔接続法〕：～にせよ～にせよ
□ 君が来るにせよ来ないにせよ私は土曜にはパーティに行きます．

Soit que tu viennes ou que tu ne viennes pas, je vais à une soirée samedi.

Whether you come or not, I'm going to a party on Saturday.

＊〈que＋〔接続法〕, ou que＋〔接続法〕〉の展開の方が自然．☞ 例文 260

◆ **83**　suivant que＋〔直説法〕：～かどうかに応じて
□ 相手に愛されるか嫌われるかに応じて私の方も愛したり嫌ったりする．

Suivant qu'on m'aime ou me hait, j'aime ou hais à mon tour.

As I am loved or hated, I also love or hate.

＊英語の〈as〉は〈according as〉（古語・文章語）のニュアンスで用いられている．

───────────〔**T**〕───────────

◆ **84**　tandis que＋〔直説法〕：(1) ～しているとき（間）に ☞ 例文 193 (2) 一方では～であるのに，～に反して
→ 〔同意〕64 (1) (2) pendant que＋〔直説法〕

◆ **85**　tant que＋〔直説法〕：(pouvoir, vouloir と共に) できる限り；～する限り
→ 〔同意〕14 aussi longtemps que ☞ 例文 192
□ 私はできるだけ精一杯走った．

J'ai couru tant que j'ai pu.

I ran as long as I could.

◆ **86**　tant ～ que …：とても～なので
□ 姉〔妹〕は飲みすぎて階段でころんだ．

Ma sœur a tant bu qu'elle est tombée dans l'escalier.

My sister drank so much that she fell on the stairs.

◆ 87　tantôt 〜, tantôt … : あるときには〜またあるときには…
□ 私はあるときには東京に，またあるときにはパリにいます．

Tantôt je suis à Tokyo, tantôt à Paris.
Sometimes I am in Tokyo, sometimes in Paris.

◆ 88　tel que＋〔直説法〕：〜のように　☞ 例文 183
□ ありのままに彼を受け入れなさい．

Acceptez-le tel qu'il est.
Accept him as he is.

◆ 89　tel (…) que＋〔直説法〕：非常に〜なので…である　☞ 例文 275
□ 彼女はとても美しいので皆が見つめる．

Sa beauté est telle que tout le monde la regarde.
So great [Such] is her beauty that everybody looks at her.

◆ 90　tellement (…) que＋〔直説法〕：非常に〜なので…である　☞ 例文 274
□ 彼女は彼のことをとても愛していて食欲がなくなってしまった（食欲がなくなってしまうほど彼女は彼を愛している）．

Elle l'aime tellement qu'elle a perdu l'appétit.
She loves him so much that she has lost her appetite.

◆ 91　tout(e)＋〔形容詞・副詞・名詞〕＋que＋〔直説法〕（〔接続法〕）：〜ではあるが，どんなに〜であっても
□ 彼女は病気なのに外出したがっている．

Toute malade qu'elle est, elle veut sortir.
Though she is ill [sick], she wants to go out.

□ 彼がどんなに金持ちであってもこの城は買えない．

Tout riche qu'il soit, il ne peut pas acheter ce château.
However rich he may be, he cannot buy this castle.

◆ **92**　trop＋〔形容詞・副詞〕＋pour＋*inf.*：あまり～なので…できない，…するには～すぎる　☞ 例文 203, 276

□ 私たちはあまりに疲れていて走れない．

Nous sommes trop fatigué(e)s pour courir.
We are too tired to run.

◆ **93**　trop＋〔形容詞・副詞〕＋pour que＋〔接続法〕：あまりに～で…できない

□ このココアは熱すぎて私には飲めません．　☞ 例文 203*, 277

Ce chocolat est trop chaud pour que je puisse le boire.
This cocoa is so hot that I cannot drink it.

─────────── 〔U〕〔V〕 ───────────

◆ **94**　Une fois que＋〔直説法〕：いったん（一度）～したら

□ 彼は一度決心したら頑として自分の意見を変えない．

Une fois qu'il s'est décidé, il ne change plus d'avis.
Once he has made up his mind, he sticks to his opinion.

◆ **95**　valoir la peine de＋*inf.* / que＋〔接続法〕：～する価値がある

□ このフランス映画は見る価値がある．

Ce film français vaut la peine d'être vu [qu'on le voie].
This French film is worth (while) seeing.

主要参考文献一覧

▼例文を作成するにあたり下記の英仏辞典・仏英辞典等を参照いたしました.

- J.E. Mansion, *Harrap's Standard Fernch and English Dictionary,* Part one French-English, 1934 / Part two English-French, 1953
- Marguerite-Marie Dubois, *Dictionnaire français-anglais anglais-français, Larousse,* 1981
- *Grand Dictionnaire 1 français-anglais,* Larousse, 1993
- *Easy Learning French Dictionary,* HarperCollins Publishers, 2001
- *French Bilingual Dictionary-A Beginner's Guide in Words and Pictures-,* Barron's, 1989
- Dournon, *Le Grand Dictionnaire des Citations françaises,* Acropole, 1982
- 小林路易他編集,『アポロ仏和辞典』,角川書店, 1991 年
- 渡辺高明,田中貞夫共編,『フランス語ことわざ事典』,白水社, 1983 年

▼補足等で記した文法解説には主に下記の語学書を参照しています.

- A S Hornby, *Guide to Patterns and Usage in English,* Oxford University Press, 1983
- 渡部茂著,『文とその要素』(現代英文法講座・6),研究社, 1957 年
- 石橋幸太郎他編集,『英語語法辞典』,大修館書店, 1986 年
- 朝倉季雄著,『フランス文法辞典』,白水社, 1976 年
- 拙著,『英語がわかればフランス語はできる!』,駿河台出版社, 1999 年
- 拙著,『ケータイ〈万能〉フランス語文法』,同上, 2000 年
- 久松／P. Mangematin 編著,『フランス語立体読解術』,同上, 2001 年

あ と が き

〈英語帝国主義に加担していないか？〉

　英語を使って別な外国語を学習する方法に対して批判があるようです．本書の寄って立つところに引きつけて言えば，英語とフランス語が似ているためにかえって冒しやすい学習上のミスを気にする人たちがいるのです．
　「にせの友」faux amis と称される英仏単語の相違（「住所」を英語では address と綴るのに対して，仏語では adresse となるといった例）や，うっかりミスをしてしまう「言語干渉」（英語の"構文・表現"を機械的にそのままフランス語に置き換えてしまう誤り）などなど，英仏を比較・対照することにいろいろと問題点が少なくないからです．しかし，こうしたいわば"表面的な危険"は，たいして大きな問題ではないとわたしは思っています．
　たとえば，日本語には [l] [r] の発音の区別がありません．そのため，英語でも，フランス語であっても，初学者にとって［ル］の発音はなかなか越えられない壁となっています（日本語による言語干渉の例です）．そんなときに，英語の [l] と [r] の違いをひとつのきっかけとしながら，仏語の [l] [r] の別へと移行するあり方は無意味ではないはずです．あるいは，難解な文法用語を使って文章の構造を説明されることへの違和感や嫌悪感．こうした危険性や苦々しい思いに比べれば，英仏の発音の違いを知り，構文の差異を視野に入れながら英・仏語を有効に比較・対照するならば，リスクよりメリットのほうが大きいと感じるからです．

◆

　しかし，いまのわたしには，もっと根の深いざらりとした抵抗感があることは否定できません．「英語帝国主義にみずから手を貸しているのではないか」という暗い予感です．
　英語帝国主義――これは，聞きなれない言葉かもしれません．簡単に言えば，政治・経済・国際関係，マスコミ，教育はもちろんのこと，日常生活のすみずみに至るまで「英語支配の世界」となりつつある現状を憂いた言いまわしです．英語が権力や富に結びついた武器として働き，一部の特権階級（とくに白人）を守るための手段となり，「言語差別」が起きている（一部の言語を駆逐し，滅ぼしてさえいる）現状へのやり切れない思い．そんなマイナスの世界に，自分自身が加担しているのではないかという一抹の不安がぬぐえないのです．

わたしは，本書を，これまで読者の方々が養成してこられた英語力をフランス語の力へと効果的に移行するために書きおろしました．一人でも二人でも，フランス語になじむ人たちが出てきてほしい．そしてやがては，フランス語を通じて（英語も駆使して），我が国を世界に向けて発信できる方が出てきてくれればと願っています．もちろん，一冊の語学書だけではとうてい実現不可能な夢物語と失笑を買う話です．でも，そうできたらいいと心から思っています．

　ただ，その夢に一歩でも近づくという名目の元，日本人にいまだ根強い「ガイジン・コンプレックス」を巧みに利用し，結果として，英語賛美につながっている危険はないのか．そう自分に問いかけるもう一人の自分がいるのです．

◆

　わたしたちは，いま，知らず知らずのうちに「意識を横文字化」してしまっているのではないでしょうか．日々，英語起源の外来語が増殖し，一部の人たちにしか通じない，奇怪な英語もどきがはびこりつつあります．先日，銀行の受け付けで「すみませんが，エビデンスが必要です」と言われ，〈evidence＝証拠〉（自身が体験した文脈では，おそらく金銭を借り受ける際に証明となる資料といった意味だと思われます）までもが平然と日常会話のなかで使われていることに驚きました．

　ただし誤解がないように慌てて付け加えますが，外国語を安易に日本語のなかにとり入れる風潮を批判する意図で，このあとがきを記しているわけではありません．なぜなら，日本語の構文を浸食し，語順までも入れ換えるような言語干渉は実際には起こっておらず，すでに市民権を得た外来語の大半も名詞レベルの導入にとどまっているからです．

　小難しい理屈をこねた，いささか難解なあとがきになっていることは承知しています．しかも論旨が見えにくい文章であることも否定できません．

　ただ，本書を手がけた責任者として，自身の寄って立つところはどんな場所なのか，自分は教育者のはしくれとして正当な方法でこれを書きおろしたことになるのか等々，自分の頭の中にいま不安が渦巻いています．

◆

　本書を作成するにあたり，駿河台出版社社長井田洋二氏にはお世話になりました．また，編集スタッフの皆様には，教科書販売準備等々でもっともお忙しい時期に，あれこれとお手数をおかけしました．ありがとうございました．

久松健一

著者紹介

久松健一（ひさまつ　けんいち）

浅草生まれ．現在，明治大学教授．
英語と仏語を比較・対照した著書（本書の姉妹編）に『〔英仏 CD 付〕英語がわかればフランス語はできる！』，『（バイリンガル叢書）英語・フランス語どちらも話せる！〈基礎エクササイズ篇〉〈増強エクササイズ篇〉』（以上，駿河台出版社），ならびに『仏英日例文辞典 POLYGLOTTE』，『基本フランス語表現記憶辞典 INTRODICTION』（いずれも IBC パブリッシング），あわせてテキスト『New Map in Basic English and French super-easy learning French grammar』（三恵社）などがある．

英仏日 CD 付
これは似ている！　英仏基本構文 100＋95

Ⓒ 久　松　健　一　著

定価（本体 2100 円＋税）

2002. 4. 10 初版発行
2022. 6. 23 10刷発行

発行者　井　田　洋　二

101−0062　東京都千代田区神田駿河台 3 の 7
発行所　電話 03(3291)1676　FAX 03(3291)1675　株式会社　駿河台出版社
振替 00190−3−56669

製版　ユーピー工芸／印刷　三友印刷

ISBN978-4-411-00485-7 C1085　¥2100E

http://www.e-surugadai.com

JCOPY ＜(社)出版者著作権管理機構 委託出版物＞

本書の無断複写は，著作権法上での例外を除き，禁じられています．複写される場合は，そのつど事前に，(社)出版者著作権管理機構（電話 03-3513-6969, FAX 03-3513-6979, e-mail: info@jcopy.or.jp）の許諾を得てください．